Rolf Friedrich Schuett

Sei zu klein, um zu herrschen,
und zu groß, um beherrscht zu werden

Dogmatische Aphorismen

ROLF FRIEDRICH SCHUETT

Sei zu klein, um zu herrschen, und zu groß, um beherrscht zu werden

Dogmatische Aphorismen

Bibliographische Information Der Deutschen Bibliothek:
Die Deutsche Bibliothek verzeichnet diese Publikation in
der Deutschen Nationalbibliographie; detaillierte bibliographische Daten sind im Internet abrufbar über
http://dnb.ddb.de

Copyright © 2023 Rolf Friedrich Schuett

Erweiterte Neuauflage

Herstellung und Verlag :

BoD – Books on Demand, Norderstedt

Printed in Germany

ISBN 978-3-7578-6195-7

INHALT

Ein Lehrer, der nicht dogmatisch ist, ist ein Lehrer,
der nicht lehrt, lehrte *Gilbert K. Chesterton.*

Für meine Familie

„Leben heißt denken."
(Friedrich der Große)

Schlafmützen nennen uns Träumer.

Kinder fühlen sich schon erwachsen, Greise noch jung und keiner so zeitlos wie Nummern.

Wollte das Kind gern der werden, der sich gern an dieses Kind erinnern würde?

Mal nicht den Teufel an die Wand,
doch ist jedes andere Bild schöner?

Rachedurst ist eine Erfindung der Missetäter.

Die Halbwelt ist weltfremd für die Unterwelt.

Gut ist man, wenn das mal leichter ist als Kälte.

Wie man's nimmt, gab man's niemandem.

Wer entschädigen will, wird schnell übervorteilt.

Wiedersehensfreude versehrt Erinnerungen,
wie Abschiedsschmerz Pläne erleichtert.

Der eine überspielt mit Zynismus seine Güte,
der andere mit erfüllten Wünschen seine innere Leere.

Der Gute bewundert seine Gegner
und verachtet seine Verehrer.

Zuschauer und Betrachter sind oft sehenswürdiger als
ihre Objekte.

Viel Selbsterkenntnis will erkenntlich anerkannt sein.

Ich bin gut zuwege, wenn ich zustande bringe,
was ich zuwege bringe.

Man kann sich an nichts mehr richtig hungrig sehen.

Ziele machten einst blind für anderes als Wege; nun
machen die Lebensmittel blind für Lebenszwecke.

Die Überfülle heute lässt sich auch mit geschlossenem
Mund bestaunen und mit leerem Mund verdauen.

„Blinde Seher" wurden verblendete Zuschauer.

Nimm nicht mehr in die Hand als Messer und Gabel.

Mißbrauchsanleitung. Intellektuelle schreiben Denkzettel noch als Beipackzettel für Seelenheilmittel.

Selbstbeherrschung verletzt die Menschenrechte.

Himmelfahrt : Aufrechter Kirchgang.

Fortschritt ist schon,
wenn keiner ganz nach dem andern kommt.

Ein Aphoristiker ist meistens weit über seine Grenzen hinaus unbekannt.

Der Weise zertrümmert seinen Stein zu Sand im Getriebe und steckt den Kopf in diesen Sand.

Fragwürdige und zweifelhafte Individuen werden nun planmäßig gezüchtet als abschreckende Beispiele.

Ich trage alles, was man will,
nur nicht zur Diskussion bei.

Viel Tropfen auf den heißen Stein der Weisen hüllt
auch in Nebel.

Progressiv wirkt der fortlaufende Gleichschritt marsch
zwischen Fortschrittsfeinden und Fortschrittfreaks.

Der Konsument hat den Hals schon so voll,
dass er nicht mehr Nein sagen kann.

Viele scheuen an Oberflächen die Abreibungsflächen.

Ich bin auch mit mir selbst nie ganz unter uns.

Auch ein Clausewitz hat uns nur den Krieg erklärt.

Ich komme selten zu mir und gehe kaum in mich.
Was soll ich dort auch?

Klügere heißen Wichtigtuer,
Bessere und Schönere Angeber.

Auch Aphoristiker machen Geschehenes
nur etwas ungeschichtlicher.

Alle Spiele gewinnen die Schwächsten.

Egoismus ist der Individualismus der Massentiere.

Den leeren Köpfen ist schon alles in Fleisch und Blut
übergegangen.

Anbetungswürdiges ist auch schon entsagungswürdig.

Im Namen des Volkes wird gerichtet und regiert. Wie heißt das Volk eigentlich mit Vor- und Nachnamen, mit Spitznamen und *nom de guerre et de plume*?

Jedermann tut seit Darwin alles Affenmögliche, um ein Mensch zu sein, der sich nicht zum Affen macht.

Philosophie : Gedanken kommen auf die Idee, sich eigene zu machen.

Hat man nun lieber Nachkommen, Nachfahren, Nachfolger oder Nachmacher?

Der aphoristische Satz, ein Sprung über Abgründe, ist eine Brücke über den dreckigen Strom, den man in keiner Richtung durchschwimmen will.

Der Boden der Tatsachen tritt sich schnell fest, wenn man stets auf der Arbeitsstelle tritt.

Es ist dir Genugtuung, mir genug (an)getan zu haben.

Der modernere Mensch hat aufrechte Gangschaltung,
sein Kirchenschiff keinen aufrechten Seegang.

Quadratur des Gesichtskreises. Man geht zu Grunde,
aber fährt zur Hölle.

Geist ist, wenn der Kopf über die eigene Leiche geht.

Realisten sehen rot, wenn andere hellsehen wollen.

Einige können etwas schaffen,
andere müssen dafür arbeiten.

Heimat ist der unheimliche Ort vom Kinderheim über
Erziehungs- und Erholungsheim ins Altersheim.

Gehe ich mal aus mir heraus,
gehen alle sicher gerade in sich.

Wer studiert Germanistik mit Migrationsuntergrund?

Ein Buch kann so blöd sein, dass Rezensenten es in
den Himmel loben, und so gut, dass Leser es meiden.

Wieviel Unordnung ist noch in Ordnung?

Masochisten spielen und wetten gern mit sich selbst.

Denken Untäter nach, wenn sie untätig sind?

Mathematik ist schon ein ganzes Teil weiter
als die halbe Null.

Am Schauspieler ist nie zu sehen, dass er einen spielt.

Wo kämen wir hin, wenn wir nicht mehr weggingen?

Der Cent ist aller Zaster Anfang.

Die Wahrheit erblickt bei Realisierung das Irrlicht der Welt oder das Schlusslicht der Vernunft.

Das hohe Ideal hat aufrechten Tiefgang,
ein tiefer Gedanke unartgerechten Seegang.

Die Hauptsachen im Leben sind oft so nebensächlich wie die Ursachen und Rechtssachen.

Nur der Mensch allein kann auslachen,
Tiere und Pflanzen haben nichts zu lachen.

Auch das Irrlicht wahrt den Schein der Vernunft.

Ein starker Stoß ist der beste Denkanstoß und Glaube
der kürzeste Weg vom Stoß zum –seufzer und –gebet.

Der Klügere gibt vor nachzugeben, und der Bessere
gibt nicht gern an und zu, was er auf- und abgibt.

Christliche Dreifaltigkeit ist für Monotheisten etwas
zu viel und für Pluralisten viel zu wenig.

Wollt ihr lieber den totalen Arbeitsfrieden?

Man sollte lieber Unsinn denken als Untaten ersinnen.

Wer zugreift, begreift noch nichts,
doch Kopflose tun wenigstens was.

Physiker duzen schon die Atome
und Astronomen die Sterne.

Nick kein Nein und schüttle den Kopf statt die Hand!

Persönliche Originalität wurde zum Massenwahn.

Bei Scheidung wird alles geteilt, außer den Ansichten.

Du hast dein Sein, aber bist nicht deine Habe.

Aphoristiker werden im Alter immer kleinlicher, und
ihre Sätze treten immer kürzer, bis die Welt nicht mal
ein Machtwort mehr wert ist.

Maßlos werden im Mittel nur Mittelmäßige.

Mein Weltbild hat Antiquitätswert.

Wer schwer aus sich herausgeht, muss nicht leicht in sich gehen. Er kann im Himmelstor stehenbleiben.

Gutes ist gut genug, Böses zum Nächstbesten, und Böses dazu gut, Bestes zum Feind zu machen.

Zeig dem Spiegel nur das verlorene zweite Gesicht!

Wer eine Schraube locker hat, kann das Brett vom Kopf lösen.

Maler füllen deine innere Leere mit Farbe. Machen sie aber Oberflächen tiefer oder runde Körper platter?

Pechvögel verlieren alles, außer der Geduld. Sie werden als Kontrast gesucht und als ansteckend geflohen.

So wenig wie ein Aphorismus kann immer noch
viel zu viel Geschwätz sein.

Auch Gottvater hat ungewollte Kinder,
die eine ungewollte Mutter Kirche haben.

Alles kommt auf einmal auf uns zu, nur keine Zukunft

Wer dem Kapital nicht wehrt, ist sein Geld nicht wert.

Dass gute Praktiker gleich ranmüssen,
ist eine schlechtere Theorie.

Logisch ist nun, was schon im vorletzten Jahrhundert
verordnet wurde.

Dichter kehren Hinterwelten unter fliegende Teppiche

Man geht ständig im Gesichtskreis,
der die Fernsicht verstellt.

Musste so viel Sein so viel Nichts im Weltraum ausgleichen (oder so viel Plus so viel Minus zu Null)?

Setzt endlich alle Masken ab : Kein Wort mehr !

Alles ist nun überveränderlich und unterverbesserlich.

Seine dauernde Geistesabwesenheit gab den Geist auf.

Lebenszeit : Immer neue Sekunden, doch immer derselbe Augenblick seit der Geburt, und immer neue Erinnerungen bei immer den alten Zukunftsplänen.

Ist dein Gesichtskreis viel größer als dein Schädel?

21

Zwei Seelen, ein Gedanke?
Zweitausend Seelenlose, eine Gedankenlosigkeit.

Liebe mag eher eine Seele in zwei Körpern als umgekehrt sein, wenn einer sich oder den andern täuscht.

Ist noch immer unbekannt,
welch verkanntes Genie ich bin?

Gegen die Hölle ist das Sterben ein Zuckerschlecken.

Wen ein Wunsch erfüllt, der erfüllt nicht den Wunsch.

Kommt ein Himmel in dich,
bevor du in die Hölle kommst?

Deine Grenzen spürst du unbegrenzt oft.

Hemmungen und ein schlechtes Gewissen zählen nun zu den Autoaggressionskrankheiten.

Männer beherrschen sich so, wie Frauen sich bedamen

Bildungsferne Herkunft. Man kriegt in *der* Schule so wenig mit wie in *die* Schule.

Einst war ein fragwürdiges Individuum seiner Zeit als erster voraus, nun ist es der einzig Zurückgebliebene.

Ist es das Museum oder der Rahmen, der echte Bilder fälscht und das irre Weltbild korrigiert?

Ein Sieg wiegt den Kampf auf, doch abgekämpft *und* besiegt ist doppelt geschlagen.

Nur Nichtstuer sind Alleskönner und Besserwisser.

Zieh dich in die Zukunft zurück,
wenn die Tradition dich überholt.

Vorfahren haben mit Nachfahren gemeinsam, dass wir
sie nun so wenig kennen wie sie uns und einander.

Wir treiben es ja gar nicht miteinander. Triebe treiben
uns zusammen und Triebwerke zur Arbeit.

Lahm wirkt, wer zu langsam bremst,
und voreilig, wer zu schnell bremst.

Deine Zukunft kommt vor dem Tod,
deine Vergangenheit kam nach der Geburt.

Mach und sag immer alles auf einmal,
doch denke nur nach und nach nach.

Nach Heidegger hat man das Nichts zu lachen.

Richtige Ansichten erkennt man daran,
dass sie fast alles falsch machen.

Reines Gewissen ist so schlecht,
wie eingeschenkter reiner Wein schmeckt.

Je mehr Vergaser wir kriegen, desto weniger Luft.

Philosophen spielen unsere besten Ideen herunter.

Am Fremden wird gefürchtet der ganze Landesglaube,
den er mitführt.

Der Krieg erklärt sich nicht (außer für gerecht),
aber wird verklärt, weil er alles klärt.

Auch der Zuvorkommende will vor allen anderen ans
Ziel kommen.

Nur ein Gott kann den Fortschritt noch stoppen,
nur ein Teufel wird noch mehr Wünsche erfüllen.

Wirklich wahr ist nur Unnötiges,
und gut nur, was zu nichts gut ist.

Bestellte Arbeitskräfte sind schnell geliefert.

Der Name ist alles, was auf dem Schlachtfeld fällt,
das Urteil alles, was weniger gefällt als gefällt wird.

Kriegt man von der Welt zu viel weil zu wenig mit?

Als Ziel reicht mir keine richtige Richtung,
die ich endlos weitergehen kann.

Deinen Unfreiheitsdrang musst du verdrängen
wie den hemmungslosen Bildungshunger.

Ewige Finsternis ist etwas, das jeden Windschatten in
den Schatten stellt.

Das Rad wurde erst von einem Pfau geschlagen
und dann von Menschen erfunden.

Eher kommt das Kamel durch ein Nadelöhr
als ein Elefant in eine Mücke.

Die dumme Gans ist eine dümmere Kuh als Esel und
Kamel zusammen, der Ochse aber ein größeres Rind-
vieh als der Stier.

Gegenwart heißt : Um zu früh zu kommen, ist es zu
spät, um zu spät zu kommen, aber zu früh.

Ein Untäter ist das Gegenteil vom Faulpelz,
Tatendurst das Gegenteil von Bildungshunger.

Vorhersagen werden nicht nur beim Meteorologen
durch Vorschriften sicherer.

Auf abstrakten Bildern macht keiner eine gute Figur.

Erst ist man zu allein, dann zu verheiratet, dann noch
zu überarbeitet und am Ende zu bemitleiden?

Der Mensch ist das einzige Sein mit bewusster Nichts-
vergangenheit und Nichtszukunft.

Vergangenheit und Zukunft ohne Geistesabwesenheit
ist Gegenwart.

Was ich nicht will, mach ich freiwillig.

Man kann sich seine Freiheiten selten aussuchen.

Kant sah der Mutter Natur direkt in sein Auge.

Man schlägt dich aus dem Kapital.

Bedenke deine ganzen Kontexte, und du hast ihren Einflussbereich schon halb verlassen.

Gegenwart ist Warten auf Wartung und Wärter, nicht auf Godot.

Wie erreicht der lange Arm des Gesetzes
die kurzen Beine der Gesetzlosen?

Mancher zielt vollendet, aber wer endet zielführend?

Wer das Ziel hinter sich hat, hat das Ende vor sich.

Mal tu ich dir ein Leid, mal tut es mir auch leid.

Dass das Gegenteil einer Lüge die Wahrheit ist,
ist ein verbreiteter Irrtum.

Einsicht ist das Gegenteil von eigener Ansicht.

Widerspruch zu Tatsachen entspricht der Wahrheit.

Die Evolution musste schließlich zu Darwin führen,
aber war er eine zufällige Mutation or the fittest one?

Es tut zu gut, Böses zu tun, es ist falsch wahrzusagen
und hassenswert, schön zu tun und schön zu färben.

Wie kommt man der Raserei auf die Schliche?

Urteilen heißt verurteilen.

Stünde die Zeit mal einen Moment still,
ginge sie vielleicht nie wieder weiter.

Lieber dumm als irre, lieber hässlich als verhasst,
lieber unvermögend als zu allem fähig.

Unter all deinen Habseligkeiten wirkst du armselig.

Auch Ausübung von Einfluss macht den Weltmeister.

Das Leben ist kurz wie ein Aphorismus
in endlosen Fortsetzungsromanen.

Optimisten und Pessimisten haben bis zur Austausch-
barkeit die Unenttäuschbarkeit gemeinsam.

Die pure Wahrheit ist so meinungsfrei
wie eine beliebige Meinung grundlos.

Wer nie Zeit hat, lebt noch nicht in der Ewigkeit.

Hass ist gegen Feinde wie Liebe gegen Freundschaft.

Ökologen und Anthroposophen bauen die Urteilchen-
bremser als Ganzheitsbeschleuniger.

Der stumme Eigenbrötler nimmt nur seine Rede- und
Versammlungsfreiheit in Anspruch.

Über Unbewusstes und Ungewisses urteilt man
nach bester Wissens- und Gewissensfreiheit.

Seit Gott uns nicht mehr theomorph sieht, sehen wir uns animalisch, anthropomorph oder zoomorph.

Das Beste an der Vergangenheit ist, dass sie nie wiederkommt, das Schlimmste an der Zukunft, dass sie mal kommen wird.

Zukunftsregnosen : jüngste Vergangenheitsprognosen.

Selbsterkenntnis setzt sich zusammen aus abgebüßten Einbildungslücken.

Der Papierkrieg ist kein Doktorvater geistiger Kinder.

Unsere Windmühlen mahlen so schnell, dass kein Don Quichote gegen den Ökostrom schwimmen kann.

Wer sein Haupt zu Markte tragen kann, gilt als klug.

Die Wahrheit ist nicht minder minderheitsunfähig.

Ein Turm zu Babel hat auch seinen Fundamentalismus und gegen Fundamentalisten hilft kein Dachgeschoß oder Dachboden der Tatsachen.

„Der Mensch" verwischt nur den kleinen Unterschied.

Erst schaute, dann haute Luther dem Volk aufs Maul.

Weißes Loch. Evolution war der Dienstweg vom Urknall im Nichts zu seiner Simulation am CERN.

Wenn Fortschritt uns ausbremst,
gibt der Stillstand noch nicht Gas.

Sternbilder gehen mir näher als meine Atome.

Macht euch kalt oder erkältet euch. Das hält frisch.

Aphorithmen gegen Algorismen lesen den Stadtführer
in den Zwiespalten zwischen den Häuserzeilen!

Die Welt wird unseren Ansprüchen gerecht,
indem sie ihnen selten genügt.

Der Erfolgreiche ruiniert nur die Umwelt,
klagen abgehängte Konkurrenten.

Der manische Hedonist, der nicht depressiv wird,
macht seine Kulturkritiker traurig und wütend.

Man verändert Unbegreifliches, bis man es kapiert,
und erklärt es, um es nicht bearbeiten zu müssen.

Wer sie entwertet, behält die nackten Fakten.

Höher als ein Abgrund kommt selbst der Kleinste und liebt ihn dafür.

Die Menschheit stirbt, es überlebe der Untermensch!

Man langweilt sich unsterblich und heilt sich zu Tode.

Manches Schweigen ist zu weitschweifig,
und mancher redet sich taubstumm.

Kunst und Kultur ist kein entspannter Feierabend,
sondern Schwerstarbeit von Arbeitslosen.

Geurteilt wird nur Urgeteiltes, oder sind alle Urteile über Urteilchen des Alls nur Vorurteile, die das große Ganze zur Kulturabteilung verurteilen?

+ + +

Philosophische Grundbibliothek

Chuang-tsi: „Das wahre Buch vom südlichen Blütenland"

L. Annaeus Seneca : „Briefe an Lucilius"

Michel de Montaigne : „Essais"

Imm. Kant : „Grundlegung zur Metaphysik der Sitten"

S. Maimon : „Versuch einer neuen Logik ... " (1794)

G. Fr. Hegel : „Phänomenologie des Geistes" / „Ästhetik"

Arthur Schopenhauer : „Aphorismen zur Lebensweisheit"

Friedrich Nietzsche : „Menschliches, Allzumenschliches"

Nicolai Hartmann : „Das Problem des geistigen Seins"

Hedwig Conrad-Martius : „Der Selbstaufbau der Natur"

Th. Adorno : „Minima moralia" / „Negative Dialektik"

Jean-Paul Sartre : „Der Idiot der Familie"

Hermann Schmitz : „Der unerschöpfliche Gegenstand" /
„Der Weg der europäischen Philosophie"

I.M. Bochenski / A. Menne: „Grundriss der Logistik"

Hans Blumenberg : „Wirklichkeiten, in denen wir leben",
„Die Vollzähligkeit der Sterne"

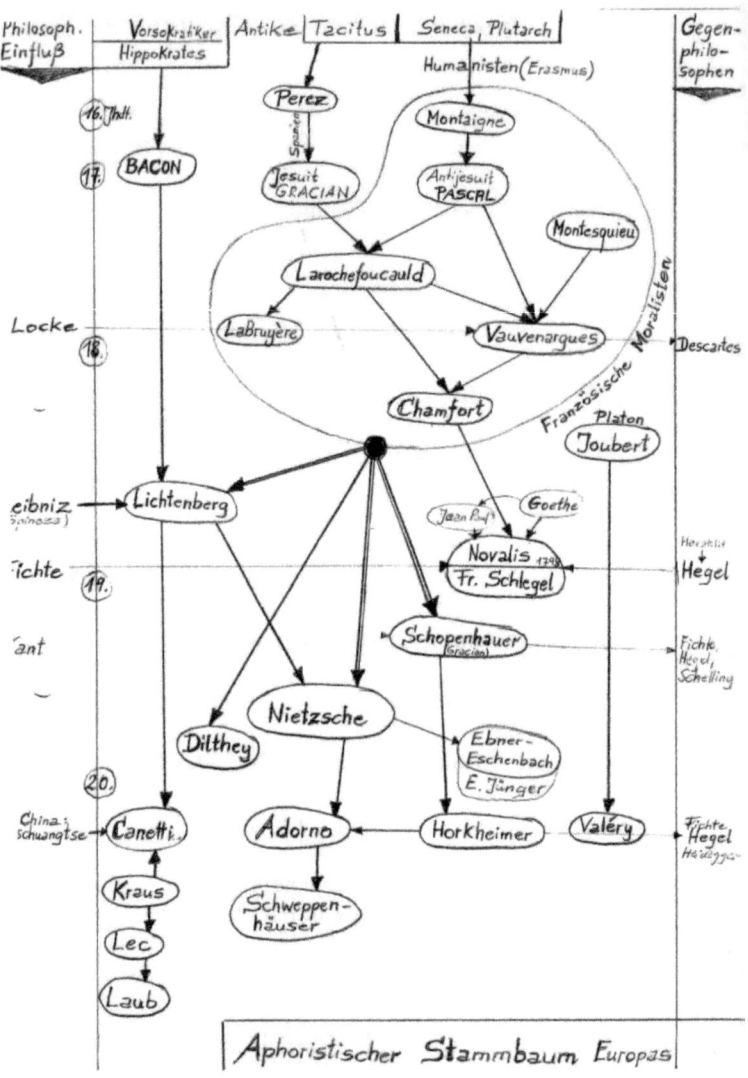

Aphoristischer Stammbaum Europas

„Der Autor, der keine Übergänge gestaltet, unterjocht uns und stößt ab; schwerlich gewinnt er uns für sich."

„Der Sophismus ist das für uns günstige Klima, der Boden, in dem unser Geist seine größte Fruchtbarkeit erreicht."

„Sprechen ist nur interessant, wenn wir die vermittelnden Ideen vergessen können."

„Was ich schreibe, ist wie ein grober Span, der sich bei dem Versuch abhebt, das krumme Holz meines Geistes zu glätten."

„Jede Haltung, jede Geste entwerfen ein System, wenn wir die Linien verlängern, die sie zeichnen."

„Das, was nur eine Glosse verdient, wird von unseren Zeitgenossen mit einem ganzen Buch bedacht."

„Die Wahrheit liegt offenbar eher in einer absurden, aber ungestümen Behauptung als in einem nuancenreichen, viele vorsichtige Zugeständnisse offerierenden Vorschlag."

„Der Satz muss schließen, wenn die Spannung der Worte ihre höchste Intensität erreicht, eine Welle, die erstarrt, wenn sie emporsteigt, nicht wenn sie sich auf dem Sand verströmt."

„Etwas zu erklären, wenn die bloße Andeutung möglich ist, setzt eine übermäßige Geringschätzung des Lesers voraus."

(Nicolás Gómez Dávila : „Notas", deutsch: Berlin 2005)

„Die intellektuellen Abenteuer sind die einzigen,
die nicht sofort langweilig werden."

„Die fortlaufende Rede tendiert dazu, die Brüche des Seins zu verbergen. Fragment ist Ausdruck redlichen Denkens."

„Jede Diskontinuität ist Annäherung
an die Zeit reiner Materialität."

„Die wahre Lektüre ist Flucht. Die andere Beruf."

„Selbst die guten Einfälle müssen aufpoliert werden."

„Der Satz muss mit den Flügeln schlagen
wie ein gefangener Falke."

„Wenn Religion und Ästhetik getrennte Wege gehen,
ist nicht gewiss, was schneller verdirbt."

„Die Philosophie wird mager, grau und bucklig, wenn sie
sich von der Literatur abkoppelt."

„Dem Aphorismus vorzuwerfen, nur Teile der Wahrheit
auszudrücken, kommt der Annahme gleich, die weitschwei-
fige Rede könne sie voll und ganz ausdrücken."

„Die Kontemplation ist der Epikureismus der edlen Seele."

„Der einzige Besitz, der Befriedigung verschafft,
ist der eines klugen Gedankens."

„Linke und Rechte streiten sich lediglich um den Besitz der
Industriegesellschaft. Der Reaktionär ersehnt deren Tod."

„Der heutige Leser zieht die bunte Trivialität der dezenten
Färbung eines Treffers vor."

„Die ehrenhafte Formel muss ihr Gegengift in sich tragen."

„Statt unseren Satz zum ersten Schritt einer Aussage zu
machen, sollten wir versuchen, ihn zum letzten Akt einer
Idee zu machen."

„Die Synthese sollten wir Gott überlassen."

(Nicolás Gómez Dávila : „Auf verlorenem Posten", 1986)

„Apokalypse", zu Deutsch : Aufklärung.

Hass ist eher eine lebende Tautologie als Liebe trivial.

Nachzügler sind die Vorreiter, Wunderkinder bleiben verwunde(r)t zurück.

Materialismus hat meist nur Menschenmaterial.

Zeitweilige Todesangst flieht in ewigen Fortschritt.

Gefühle sind von gestern, Gedanken von morgen,
Gewalt ist immer von heute.

Das Vergehen kommt, wenn das Verkommen geht,
und wer das Holen bringt, überholt das Hergebrachte.

Verstiegenheit erzeugt auch Gefälle.

Revolutionen verändern eher die Vergangenheit.

Der Witz kann Ungleiches vergleichen
und zugleich Gleiches verungleichen.

Nur Selbstbeherrschung hat nichtautoritäre Autorität.

Das Abenteuer des guten Menschen macht das Laster
zum langweiligsten Paradies.

Man will lieber einst mancher Dumme gewesen sein,
als in der Zukunft einer Vergangenheit zu leben.

Paralleluniversen treffen sich nie im Unendlichen.

Allgemeingültiges kann gefälscht sein.

Ein Brett vorm Holzkopf führt auf Brennholzwege.

Lügen müssen plausibel wirken, Wahrheiten paradox.

Gesetze werden verabschiedet,
bis sie unterwegs und weg sind.

Menschenrechte bedeuten Krieg.

Missgönne nicht, was du hasst, weil nicht hast.

Man hilft Bettlern, doch nicht beim Aufstand.

Jeder will unsterblich sein?
Unkraut würde nicht vergehen.

Stillstand macht keine Kehrtwenden notwendig.

Täter müssten sich mit riskanten Untaten so schwer
tun, als wären es asketische Bußübungen.

Moral würde zum Kinderspiel,
würde sie als Teufelei betrieben.

Künste sind uns ganz natürlich,
Natürlichkeit ist meist synthetisch.

Toleranz mündet oft in Gleichgültigkeit,
aus der sie nicht kommen muss.

Mancher hat kein Talent, seins zu zeigen.

Heute endet kein Gestern, wenn kein Morgen beginnt,
und fängt kein Gestern an, wenn kein Morgen stirbt.

Wir stehen nicht vor offenen Türen,
sondern eher hinter verschlossenen.

Nur wer alles hatte, weiß, wie wenig zu vermissen
und bereuen hat, wer wenig hat.

Ich liebe mich und die Natur
und stoße kaum auf Gegenliebe.

Die nackte Wahrheit führt in Versuchung
wie eine strafbewehrte Sünde.

Demenz? Das Kind vergisst,
woran der Greis sich erinnert.

Nützlich ist oft, was gerade mal nicht schaden kann.

Folge deinem Stern, der dir davonrast, und erlöse dich
von deinem Los, das deine Erlöse innig liebt.

Wir wurzeln tief im Bodenlosen,
uns können Fliegen etwas zuleide tun.

Der Schlaue siegt und klagt ganz anders als der Kluge.

Deine Erfahrungen sind umso wertloser,
je mehr sie dich gekostet haben.

Das Richtige versteckt sich vor uns
im gemiedenen Gemeinplatz.

Man unterwirft sich der Autorität seiner Meinungen
und seines Willens.

Der Exhibitionist verbirgt uns nichts,
nur sein wahres oder zweites Gesicht.

Unter Nihilisten muss man sich Luftikusse vorstellen,
unter Optimisten eher verwöhnte Loser.

Keiner vergibt dem, der allen und alles vergibt.

Der Pessimist verteidigt,
der Optimist vertuscht seine Pleiten.

Horden bilden sich immer origineller,
Individualisten immer massenhafter.

Ein Verständnis neigt zum Einverständnis.

Muss man verstehen, warum Verständnis wichtiger ist
als der Verstand?

Berechne die Zukunft aus Bedingungen und Ursachen und tu dann das Gegenteil, wenn du noch kannst.

Der Affe konnte Gott als den Schöpfer des Menschen widerlegen. In unbewiesenen Evolutionstheorien.

Wer nicht schreien kann oder will,
vor Angst oder Wut, der muss schreiben.

Unbeweisbares gilt als widerlegt,
Unwiderlegtes für fast bewiesen.

Es gibt zu denken, dass man zu denken lieber gibt als nimmt.

Von Griffen geht es zu Begriffen, doch schwer zurück

Jedes Leben ist stets ein Rest von sich selbst.

Hat Hölderlin gedichtet, denkt Heidegger nach.
Hat ein Heidegger doziert, verstummt ein Hölderlin.

Mach kein Buch aus dem Aphorismus,
der dir nicht einfällt.

Breche kein Wort. Lass es fallen.

Es ist mein Bier, dass ich keins trinke.

Im Innern eines Elementarteilchens soll dieselbe Hölle
herrschen wie in einem menschlichen Individuum.

Handeln will schon, wer Fakten durch Theorien sieht,
welche er aus Fakten erst zieht.

Die Evolutionstheorie lässt sich nicht korrigieren von
Menschen, die nur von ihr aus gesehen werden.

Abbreviaturen : *Systematische Aphorismen*

Gegenaufklärer wollen glauben machen,
Gottvater sei der Klapperstorch, der sie bringt.

Wer nicht ansässig wird in Gesellschaftssystemen,
nomadisiert gern aphoristisch.

Eins ergibt das andere. Prämissen wagen sich
zu Schlüssen, doch zurück geht es nicht so logisch.

Die Existenz überlassen Götter ihren Geschöpfen.

Die Sprache verschlägt uns oft die Sache.

Galgenhumor lacht Krokodilstränen.

Elfenbeintürme aus Denkanstoßzähnen machen aus dem Elefanten keine Mücke im Porzellanladen.

Das Kind im Manne wird straffrei abgetrieben von dessen Trieben.

Reiche kleiden sich gern in feinstes Hungertuch.

Kämpft mit oder für Gott, Er kämpft gegen uns.

Musste die liebe Seele dem lieben Gott den Kirchhof machen und den Armen den Hinterhof?

Faltet im Gebet vor allem die entfalteten Kräfte!

Der alleinstehende Aphorismus sticht seine Elfenbeinturmspitze in den Himmel der Herzen und Hirne.

Kurze Denkprozesse enden gern mit Lebenslänglich.

Alte Witze finden junge Leute, die über sie lachen.

Regelrechtes Unrecht gilt zu Unrecht als recht gerecht

Verdammt sind immer die verdammt Guten.

Gibt es kein arbeitstreues und mußescheues Gesindel?

Geldstücke sind Kunststücke. Frische Altersweisheit wurde eine sterile Grund- und Scheckbücherweisheit.

Was will man, lieber freie Untäter als untätige Sklaven ihres Schöpfers, lieber entfesselte Quasselköpfe als Seine Bauchredner?

Bare Münze werfen : „Rübe oder Rübezahl?"

Leeres Stroh im Kopf will auch gedroschen sein und mal Feuer fangen.

Der Aphoristiker schreibt, aber wenigstens kein Buch darüber, dass zu viel gedruckt und geschrieben wird.

Ein Mörder ist auch nur ein Mensch,
der Mitmenschen in den Himmel hebt.

Literatur ist der Versuch, den Mund des Lesers so lange wie möglich zu halten.

Unrechtgerechtes Verhalten gibt auch richtigen Halt.

Selbstverwirklichung ähnelt oft dem Selbstmord u. u.

Noch kürzer und treffender als Aphorismen ist nur ein Machtwort. (Gibt es dafür Kleinkunstwettbewerbe?)

Augen auf, Taschen zu! Auch Prinzipienreiter machen Dukatenesel zu Steckenpferden.

Mancher selbstverwirklicht andere nur.

Das Selbstbewusstsein wurde zu einer unbewussten Spielart von Gewissenslosigkeit.

Mit dem Schicksal kann man nur hadern, mit dem Ewigen aber handeln, kämpfen und streiten.

Clowns nehmen überhand. Verschärft sich die Lage?

Jede Gefahr hat heute mehr Gefährten als Gefährte.

Unser Leib überlebt nun Seele und Geist
mit oder ohne Sport und Medizin.

Zuversicht und Verzweiflung bringen es nur
bis an den Rand des Zweifels.

Der Kunstmarkt ist oft mehr Falschspiel mit echten
Werken als ehrlicher Wettkampf von Fälschern.

Seit der Ewige totgesagt ist, ist Er kein langweiliges
Klischee mehr.

Wer sich von Ihm nur verlassen und vergessen glaubt,
kann Ihn beschimpfen und treten, bis Er zuhört.

Das kann ich mir nicht denken,
weiß der, der denken kann.

Lieben heißt, ich verschreibe mir den, der sich mir und mich ihm verschreibt.

Gegen Depressionen sind Tränen der Trauer Tränen der Freude.

Drecksarbeiter machen uns Westen und Gewissen rein

Geld regiert die Welt der Habenichtse.

Man interessiert sich mehr für meine Menschenrechte als für mich.

Und führe uns nicht in Versuchung,
überhaupt keine zu finden.

In vero ens. Im Sein ist, steckt oder liegt Wahrsagerei.

Man verliert sich in Einzelheiten wie in deren Einheit.

Meine Zukunft kann mich jetzt nicht vernichten, weil ich sie dann nicht mehr erreichen könnte, damit sie mich vernichtet.

Wird die abschätzige Hochschätzung von Ober- und Unterschicht schätzungsweis über- oder unterschätzt?

Überhaupt nimmt der Unterleib langsam überhand.

Bedürftige haben dürftige Bedürfnisse,
und man darbt nach dem, was man nicht darf.

Der gute Mensch weiß wenig von Ethik,
und der Moralist kann ein Lump sein.

Wahre Schönheit ist die fernste Nähe und tut weh.

Dein Aphorismenband, der nicht gut geht,
gebiert bald den nächsten.

Ehe : Ist sie zu klug (gut) oder er zu dumm (böse)?

Ich streite gern hitzig darüber, ob ich friedfertig bin.

Der einzelne einsilbige Aphorismus treibt alle
Einseitigkeiten zu allseitiger Uneinheitlichkeit.

Ich will meinen, nicht freien Willen.

Hegel hatte ja doch Recht: Was Selbstbestimmung ist,
bestimmt der Staat, und was natürlich ist, die Kunst.

Wer besser sein will, als strengste Moral fordert,
wird böser, als laxestes Recht erlaubt.

Mit Bücherwürmern fängt man nur kleinste Fische
und mit Flötentönen Leseratten.

Tumb, aber treu, oder nur tückisch?
Offen, aber aufrichtig, oder nur roh?
Derb, aber natürlich, oder nur ungeschliffen?
Schlicht, aber geradlinig, oder nur linkisch?

Der antiautoritäre Adorno war für die Studenten eine
Autorität. Das brach ihm zu früh das Herz.

Was Gott geschieden hat, will Satan vereinen.

Auch ein Kant rechnete mit Menschen: Sein Verstand
integriert, was seine Sinne differenzieren.

Wer kein wilder Häuptling sein darf,
will wenigstens einen milden Chef haben.

Ist Mathematik verhasst, weil sie Stimmen nur zählt
und nicht wiegt?

Überstimmen Demokrat(i)en mehr Gutes oder mehr
Schlimmes?

Unmenschen halten die Menschen für Untermenschen
und sich für Übermenschen.

Adorno war mit antipatriarchalischer Philosophie für
eine ganze Generation eine Vaterfigur. Daran starb er.

Scharfsinn entwickelte die *Smartphones*,
und Stumpfsinn benutzt sie.

Jeder macht sich zum Sklaven des freien Marktes
und zum U-Häftling der *open society*.

Alte rauben der Jugend nun die Jugend,
Kinder den Greisen die Verknöcherung.

Die Welt, die deinen Selbstmord erlaubt,
wird ihn bald von dir fordern.

I T : Kommunikationstechnik der Autisten.

Wenn Vater Staat nicht herrscht, dann herrscht nicht
markige Freiheit, sondern der freie Markt.

Ist gesund genug, um frei zu entscheiden, wer krank
genug ist, um sich töten (lassen) zu dürfen?

Man muss keinen Alzheimer haben, um zu vergessen,
dass man auch in der Jugend vergesslich war.

Zitatsache. Wer wenig zitiert, wird selten zitiert.

Wird dein Schädel zum Schneckenhaus,
macht der Geist den Innenarchitekten.

Anschaffungskredite sind bereits Beschaffungsdelikte:
Konsumieren: süchtig machen durch Einstiegsdrogen.

Wohlstand ist eher ein Verbrechen
als der Verstand ein Gebrechen.

Der Wille ist schon unfrei? Der Unwille ist noch frei.

Man bestreitet nichts mehr. Nur den Lebensunterhalt.

Konsumartikel sind Rauschgifte, die den Abhängigen
nicht zu schnell zerstören.

Sehn-Sucht. Das Kapital verhält sich zur Arbeit
wie der freie Unternehmer zum unfreien Junkie.

Für Autos und Häuschen beugt man sich Blutsaugern gern und macht Manager zu Drogendealern.

Lässt du dich eher bestechen, die Wahrheit oder die Unwahrheit (über dich und mich) zu sagen?

Manches (Ur)Teil stimmt ja, doch kaum zum Ganzen.

Man handelt, wie man ist und nicht muss,
aber hält sich, wie man darf oder soll.

Böse heißt heute, *falsche Bedürfnisse* auszubeuten.

Der Gerechte bekämpft Verbrecher, indem er sie von Verbrechern bekämpfen lässt.

Demokratien überleben, weil zu viele die öffentliche Rede- und Versammlungsfreiheit nicht nutzen.

Wissenschaftler, Forscher, gelehrtes Haus, zerstreuter Professor, verrücktes Genie, graue Labormaus, weltfremder Sonderling, abgehobener Spinner, verkopfter Schleicher, unpraktischer Theoretiker, überspannt, übergeschnappt, verstiegen, verschroben, verknöchert, verbohrter Intelligenzler, lebensuntüchtiger Geistesschaffender, staubige Folianten, *rabies eruditorum* …

Es kann Spaß machen, alles zu bekämpfen,
was Spaß macht.

Mann und Frau machen sich frei –
erst voreinander, dann voneinander.

Der Böse tut, was ihn glückselig spricht,
der Gute nur, was ihn glückswürdig macht.

Aphoristiker begründen nicht tiefgründige Sätze,
sie gründen einen Verein von ewig Uneinigen.

„Die Dichter lügen zu viel", schrieb der Dichter Plato.

Die Aphoristiker sind autoritäre Autoren : Dogmatisch
doktrinäre Kritiker dogmatischer Doktrinen.

Wahre Behauptungen verdrängen andere,
wahre Selbstbehauptungen nicht.

Am Anfang war das Vorwort,
am Ende das unmündige Mundwerk.

Aller gemeine Geltungsdrang ist allgemeingültig
und gilt der Allgemeinheit doch nichts.

Die meisten leben in Demokratien schon freiwillig so,
wie sie in Diktaturen leben müssten.

Nicht alle haben einen Sinn für den Sinn von allem.

Meschalim: „Alles, was er schuf, war zuletzt eingeschoben,
doch zwischen was? Was besagt seine Folge reiner Unter-
brechungen?" (*R. Barthes*: „Über mich selbst", Paris 1975)

Jeder Aphorismenband verbirgt ein einziges Bonmot und jede Sentenz einen Salon von Geistern.

Du erkennst etwas, indem du deinen freien Willen freiwillig opferst, damit es dich bestimmen kann.

Irrealitäter. Ohne Angst vor Zensur entsteht kein Stil.

Will die Sprache die Sache selbst spiegeln, muss sie teils verständlich, teils unverständlich sein.

Schlegels Fragment-*Igel* und Schopenhauers (un)gesellige *Stachelschweine* haben etwas (Gem)Einsames.

Sei keinem eine Autorität für anti-autoritäre Lehren!

Dass jeder Mensch sterblich ist, scheint unsterblich.

Was euch vernünftig deucht, scheint mir paradox,
bis mein Paradox euch vernünftig dünkt.

Der Kopf kann das Herz so gut verstehen
wie die Intuition eine durchrationalisierte Welt.

Der Einzelne ist als stolze Einheit von uneinigen Einzelheiten Bruchteil eines Vereins von Einzelgängern.

Naturgesetze kommen und gehen,
deine Freiheit davon bleibt bestehen.

Schüler fällen im anti-autoritären Lehrer die Autorität.

Wer eine Gabe hat, ist wohlhabend und gibt gern.

Die Menschheiten kommen und gehen. Du bleibst.

Der arme Teufel, der vom reichen abfällt,
ist im Abfalleimer.

Ein einzelner Aphorismus verallgemeinert vieles,
das sich dagegen wehrt, z.B. den Leser.

Ein einzelner Satz kann allgemeingültig sein, doch
der Allgemeinbegriff einen speziellen Sinn haben.

Du bist ja wie alle, doch die Allgemeingültigkeit von
heute ist nicht die von morgen und von vorgestern.

Undenkbarkeit, Widerlegbarkeit und Unwahrschein-
lichkeit sind untrügliche Anzeichen von Wahrheit,
Schlüssigkeiten aber Abzeichen des Gegenteils.

Normales ist Genormtes. Erwachsen ist, wer tun kann,
was er will, obwohl es alle von ihm fordern.

Der Reiche kann tun, was er will,
damit der Arme denkt, was er will.

Welche Erfindung hätte sich durch eine Entdeckung
umgehen lassen – und umgekehrt?

Das Geistreiche ist als materielles Armutszeugnis eine
Blutrache an den Reichen.

Der kleine Unterschied verbindet uns mehr als große
Gleichheit.

Der Idealist verspricht mehr, als der Realist halten
kann, und dieser plant mehr, als jener fordern kann.
Phantasielosen dünkt Vernunft etwas Phantastisches.

Wille zur Macht bekommt Recht auf Unrecht,
und Recht hat nur Macht zum freien Willen.

Man kommt zu Geld und zu Ehren oder zur Sache.

War die *Krone der Schöpfung* die Dornenkrone wert?

Wer Wahrheit will, braucht keine eigene Meinung.

Agilität und Neugier deuten im Alter auf Demenz.

Armselige wollen nach ihrer Façon habselig werden.

Lobet den Herrn, arme Teufel! Da ist Er machtlos.

Sartre revisited : Die Hölle, das ist das Ändern.

Lektüre macht geistige Armut erträglicher.

Ohne freien Willen weiß niemand, was er selber will,
doch jeder muss nun selber wissen, was er wollen soll.

Nichts findet gesunder Menschenverstand unlogischer
als *Neue Logik* und nichts logischer als Verlogenheit.

Wer *nicht* schreibt, der bleibt – ebenso unmündig.

Heute darf jeder alles. Also muss es unwichtig sein.

Heideggerianer machen sich Gedanken statt Sorgen.

Schrieben nur begabte Autoren, gäbe es nicht Verlage.

Bedürfnisse und Wunschdenken können sich
nur Reiche leisten, Dummheiten nur Geistreiche.

Wer schlecht denken kann, will wenigstens gut leben.

Erst wird es so leicht gemacht, dass es jeder kann, bis es jeder besser können muss, was es schwerer macht.

Das einzig Wahre liegt niemals in der Mitte zwischen richtig und falsch.

Heute ist man gewissenhaft und ernsthaft lebenslustig.

Güte ist ein verzweifelter Versuch, ohne Menschenkenntnis durchzukommen.

Unhöflichkeit und Unfreundlichkeit gelten nun schon für Aufrichtigkeit.

Von anderen gut denken kann ich schlechter als schlecht träumen.

Beschränktheit schützt vor schrankenloser Dummheit.

Kunst ist die Kunst, mit Höchstqualität durchzufallen.

Jeder wird geopfert, ob zwecklos oder einem Zweck.

Mitgefühl, Missgefühl. Hilflose Hilfe heißt humanitär.

Wer sein Herz verliert, gewinnt noch keinen Kopf.

Zukunft kommt anderen zu, Vergangenheit vergeht sich an uns: Die *Zeit* belügt. Die Länge reicht nie, die Breite macht zu dick, Tiefe verdeckt nur Oberflächliches: Auch der *Raum* betrügt.

Sprich von dir, dann sprichst du nicht so schlecht von anderen.

Hasse dich selbst wie deinen Nächsten, doch liebe
deine Nächstbesseren wie deine Nächstschlechteren.

Genieße eine gute Vererbung und datiere
deine Familie nicht zurück auf den Urknall.

Fotos entstellen mehr, als Gemälde schmeichelten.

Für irre Zwecke werden teure Mittel vergeudet
wie kriminelle Wege zu edlen Zielen eingeschlagen.

Die Welt ist Gottes luxuriöser Trick,
aus dem Nichts ein neues zu machen.

Zu einer glücklichen Liebe passt oft nur einer allein.

Der Schwächste sieht die Schwächen des Stärksten,
der allein die Stärken des Schwächsten sieht.

Die Intelligenz ist oft dumm genug, sich für dumm zu verkaufen, und Dummheit klug genug, andere für klug zu kaufen.

Jeder gilt als Werkzeug seines Geltungsdrangs und als Herr seiner Unterwürfigkeit.

Nur mühseligstes Schuften erspart lästiges Denken.

Wahrheit ist der einzige Besitz, der keine Tür öffnet.

„Geistige Freiheit" verkam zum trotzigen Recht, eine eigene Meinung zu vertreten, die seit Jahrtausenden schlüssig widerlegt ist.

Hab ein Naturtalent, es durch Einstudieren zu ersetzen

Muss ein überarbeitetes Buch sein Thema erschöpfen?

Authentisch wirkt, wer nicht so tut, als täte er nur so,
oder so tut, als täte er nicht nur so.

In Diktaturen muss wenigstens keiner zeigen,
dass er nicht denken kann.

Deodizee. 300 Jahre nach *Leibniz* leben wir in der
nächstbesten aller denkunmöglichen Halbwelten.

Wer sieht, glaubt nicht, was er besser weiß;
wer weiß, glaubt nicht mehr, was er sieht.

Alles hängt mit dem Weltall zusammen
und nichts von mir ab.

Der Sinn des Lebens ist ja
lebenslängliches Sinnieren darüber.

Schuldsprüche, Schiedssprüche, Wahlsprüche

Auch das fünfte Rad am Wagen
kann noch ein sechstes rädern.

Ein Genie entdeckt etwas als allererster.
Ein Talent entdeckt als erster, dass alles erfunden ist.

Das Alter ist nur noch neugierig,
ob der Ausgang die Hälfte des Lebens ist.

Wer immer wieder vergisst, wie wenig er vergisst,
fürchtet auch Demenz.

Verachte alle, die so denken wie du,
und prahle mit denen, die dir nicht glauben.

Das Bild einer Rose verdorrt nur nicht gleichzeitig.

Wer sich weniger Feinde machen will,
kann und darf nicht viel besser werden.

An Belastungsgrenzen werden selten Papiere verlangt.

Die beste Waffe des Bösen : dass du etwas besser bist.

Auch Freud sah überall Eigenliebe. Er hieß Es Sex.

Innere Leere und wer an Gewicht verliert,
kommt nicht leichter in den Himmel.

Der Reiche muss Arme umarmen,
wenn es noch nicht reicht.

Auf jeden Geldtopf passt ein Buchdeckel.

Du siehst nur die Hälfte der Welt, eine Halbwelt.

Willst du etwas loswerden, verkauf es als Opfer.

Erst schafft man sich eine geschlossene Front von Feinden, die man dann einzeln gegeneinander ausspielt: Ein Ursprung begrifflicher Generalisierung und Spezifizierung?

Mancher lebt gar nicht. Er übt das Leben aus.

Ein Weltbild ist auch nicht größer als ein Standpunkt.

Jeder hat was zu sagen – und sei es nur die Wahrheit.

Denker leben vor, Dichter beleben, Täter überleben.

„Ich tadle keine Obrigkeit, welche schläft, wenn nur jene, die ihr unterstellt sind, ebenfalls schlafen, so schlafen auch die Gesetze. Ich für mein Teil lobe mir ein unscheinbar hingleitendes, stilles Leben." (*Montaigne* : „Essais", 1580)

Ein Mensch vereinigt in sich meist nur die Weisheit des Babys mit der Rosigkeit des Greises.

Wird die Welt nicht bald verändert, dann bleibt sie nicht ewig so, und wenn du dir nicht treu bleibst, wirst du dich nie mehr ändern.

Jeder trägt die Verantwortung für die Welt – zum Übernehmer.

Es irrt der Mensch, so lang er lebt, darüber, was Irrtum und irre ist.

Wer keinen Krach zusammen macht, hat bald Krach miteinander.

„Denkt aber daran, dass sich aus allen Quellen des Witzes meist auch ernsthafte Gedanken gewinnen lassen." *(Cicero)*
„Freiheit gibt Witz, und Witz gibt Freiheit." *(Jean Paul)*

Kunst : Kühne Eroberung neuer Fluchtwege.

Ich bin nicht käuflich. Meine Bücher gehen schlecht.

Das Herz ist eine Kopfgeburt,
der Kopf ein Herzenswunsch.

Wer praktisch nur Stubenhocker ist,
ist theoretisch noch kein Tatmensch.

Jeder kann nun tun und lassen, was er will. Ob er will oder nicht. Ich wollte, ich könnte richtig wollen.

Lec : Weltmeister im sprachlichen Einmeterwettlauf.

Die Zukunft liegt in der Zeit vor der Vergangenheit
(die nach der Zukunft kommt).

Was sind das für Zeiten, wo ein Gespräch über große
Taten fast ein Verbrechen ist, weil es ein Schweigen
einschließt über so viele Bäume (der Erkenntnis)!

Wir tun gar nichts : Du bist zu groß für Kleinigkeiten,
und ich bin zu klein für große Taten.

Was nicht wert ist, nicht gewusst sein zu können,
ist es wert, unbewusst bleiben zu müssen.

Bloß keine bessere Welt!
Die hätte keinen Platz für mich.

Keiner will die Wahrheit wissen.
Sie trägt keinen Stempel „Streng vertraulich".

Leben trennt goldene Spreu vom vergoldeten Weizen.

Kein Mensch war je so allgemeingültig
und durchschnittlich wie der Mensch.

Wer ernste Dinge nicht mit Witz vorträgt,
wird ausgelacht.

Wer so spricht, daß fast keiner ihn versteht, sagt wahr.

Kunst prophezeit die Zukunft,
doch Wissenschaft prognostiziert nie eine Kunst.

Von innen erkenne ich dich,
von außen mich nicht wieder.

Unerträglich ist nur das Verbesserliche.

Der Abgrund zwischen Wort und Tat schrumpft
zum Haarriss zwischen Gerede und Getue.

Es gibt mehr verkannte Trottel als anerkannte Genies.

Ich will leben, um zu altern, und alt werden,
um kein Kindskopf zu bleiben.

Die Realität wird verfälscht durch Träume und durch
Taten, die Gegenwart durch Erinnerungen und Pläne,
die Tiefe durch Höhenflüge und Verbreitung.

Um zwei Dinge besser zu unterscheiden,
muss man sie vergleichen. Und umgekehrt.

Richtet man etwas zugrunde, dem man auf den Grund
geht, oder umgekehrt?

Weitsichtige Kurzmeldungen
Kürzer tretend um einen Kopf kürzer machen

Moderne Malerei erscheint besser, als sie aussieht.

Ich interessiere mich für deine Meinungen,
du interessierst dich für die Wahrheit über mich.

Man sieht so richtig aus, ist aber gar nicht so verkehrt,
und hört sich so dumm an, ist aber gar nicht so schlau.

Wie, wenn alles, was nie gedacht und gesagt wurde,
nun wahr oder falsch wäre?

Wer seinen Kopf verliert, gewinnt noch kein Herz.

In ein reiches Naturtalent oder in eine reiche Familie
hineingeboren zu sein, ist gleich ungerecht – gegen-
über den Armen im Geiste wie im Beutel.

Vorschrift : Wissenschaftliche Geistesblitzableiter
gehören auf alle Gedankengebäude!

Montáge der Móntage. Wann wird es rassistisch,
jemanden einen Rassisten zu nennen?

„Nur für Erwachsene!" (Nur für alte Kindsköpfe).

Nur noch eine letzte Riesenanstrengung,
um sich dann nie mehr bemühen zu müssen?

Vom Aufklärungszeitalter zum Aufklärungsflugzeug:
Geldscheinwerfer, Seinwerfer und Augenscheinfänger

Du folgst stets nur deiner eigenen Natur, du Sklave?

Heute wird uns alles auf den Leib geschrieben,
damit es nicht auf den Geist geht.

Auch die geistige Welt ist nicht gerecht,
aber sach- und fachgerecht eingerichtet.

Ich stelle es mir vor, um es nicht sehen zu müssen,
und kann mir nicht vorstellen, was ich sehe.

Der Verlierer gewinnt uns für sich; er findet wieder,
was der Sieger verliert.

Chronisch Kranke leben länger und gesünder.

Es gibt Staaten ohne Freiheiten,
doch kaum noch Freiheit ohne Staat.

Sterbliche sollten sich voneinander tunlichst
nicht mehr abgrenzen als von ihrem Schöpfer.

Er singt schlecht, kastriert ihn!
Rohkost auf Kosten von Unkosten

„Unter Menschen war er als Mensch unmöglich."
(*Nietzsche* über *Heraklit* – und sich selbst).

„Sobald einer ein Gebrechen hat,
so hat er seine eigne Meinung." *(Lichtenberg)*

„Il amuse le public avec ses agonies." *(Flaubert)*

„Schon brennt der Kopf, schon glüht der Sitz,
schon sprüht ein heller Geistesblitz." *(Wilhelm Busch)*

„Leidenschaft hart wie die Unterwelt." *(Hohelied 8,6)*

„Nur kein düster Streben!" *(Goethe)*
„Ich habe nie im Leben mich gegen den übermächtigen
Strom der Menge oder des herrschenden Prinzips in feindli-
che, nutzlose Opposition stellen mögen; lieber habe ich
mich in mein eigenes Schneckenhaus zurückgezogen und
da nach Belieben gehauset." (*Goethe* zu Eckermann)

Zensur findet statt in Blickwinkel und Beleuchtung.

Man kommuniziert gegeneinander. In Kommuniqués.

Geschehen ist, was du ferngesehen und nie erlebt hast.

88

Bibliopolis. Bücher kamen kurz zwischen Höhlenfels-
bildern und Fernsehbildern.

Psychiater verstehen Nietzsches Wahnsinn nicht,
weil sie seine Aphorismen nicht verstehen wollen.

Von Lust zu lustig: Ohne Lust kein Verlust, ohne Leid
kein Lied, ohne Schmerz kein Scherz.

Man lebt, weil man *richtig* stirbt,
und stirbt, weil man *nichtig* lebte.

Damit jeder Recht hat, muss alles absolut relativ sein.

Der Druck der Wirklichkeit presst den Geist
zu Aphorismen zusammen

Im reichen Norden der Welt ist der Süden reicher.

Jeder hier ist heute anhänglich unabhängig.
Also auf- und abgehängt.

Secessio in montem sacrum. Diktatur : Demokratie der
Dummen. Demokratie: Diktatur der Gebildeten.

Das Leben der Literaten wird zu dem Trauerspiel,
das sie nicht mehr schreiben.

Vernunft : Griffe, Begriffe, Urteile, Schlüsse,
Entschlüsse, Vorteile, Schlusspunkte.

Wünsch dir nur, dass keiner sich mehr wünscht,
und wer ist zu schützen vor Schutzbedürftigen?

Seht die Armut universell, verarmt nicht das Weltall!

Ein Sklave der Geliebten wird der Gesellschaft Herr.

Der Böse wird glücklich, wenn ihm alles glückt,
der Gute nur, wenn Gott existiert.

Alles wirkt paradox, da es so gut begründbar ist
wie sein Gegenteil.

Glaube oder Weltbild langweilt bald wie ewige Ruhe.

Reframing. Sich bessern ist beten ohne Betteln.

Verlustgreis. Sieh im Ältesten schon Postmodernes,
im Allerneuesten noch das Uralte.

Der Orient wählt noch keinen Chef auf Zeit,
der Westen keinen Gott auf ewig mehr.

Frauen wollen *Mütter der Kompanie*, Männer auch
Landesväter sein und Kinder beides nicht mehr.

Du genießt deine Ungenießbarkeit und beteuerst, dass du mich billigend in Kauf nimmst. Deine Unerschütterlichkeit erschüttert mich.

Der Vorhang hebt sich vorm Trauerspiel
und wischt die Tränen weg.

Glaubt mir aufs Schweigen : Ein be-dachter Satzbau kann ganze Regierungsgebäude einreißen.

Ginge es, dass alles so bliebe, oder bleibt es so,
dass alles weiter geht?

Pflichten gehen zur Neige, und Neigungen pflichten uns liebend gern bei.

Gott ist im biblischen Wort ebenso ratschlagfertig wie schicksalsschlagfertig und führt einen lebenslangen Anpassungs- und Abnutzungsprozess gegen uns.

Transzendentalaphorismen

Dunkelgrüner Seetang auf wellenumspülten
Grausteinen am Deich, die Zarten auf den
Harten am Meer unterm windigen Himmel.

Ein Philosoph schreibt ein Werk,
um sich vom Nachdenken zu erholen.

Dass Bedingungen von Bedingungen unbedingt
auf etwas unverdinglichtes Unbedingtes deuten,
will der Zeitgeist unbedingt verhindern und
verdingt sich an dumme Dinge, krumme Dinger.

Lieb Vaterland tönt wieder mal nur in D-Moll.

Bei Alten steht das Lotterbett nur noch im Kopf
und erinnert an Krankenbett und Himmelbett.

Quatschköpfe hören überall nur Gequatsche,
wo andere Symptome erkennen.

Jede Gemeinschaft wurde eine gemeine
Hetzmeute gegen Individuen.

Ein Einfall ist im Idealfall kein Reinfall, sondern ein Überfall, der sich vom Abfall zum Ernstfall oder vom zufälligen Einzelfall zum Not- und Sonderfall mausert, der ohne Beifall durchfällt.

Über unwichtige Dinge scherzt man so wenig wie über Krüppel.

Lacht Humor Verhärtungen weg? Manche harte Biographie ist kein lebenslänglicher Kampf um Frieden und Gleichgewicht im Inneren gegen Trübsinn, Verbitterung und Ressentiments.

Wenn der Autor eines Morgens tot aufwacht, will er sein Werk vor völligem Vergessen mehr in Sicherheit gebracht wissen als sich selbst.

Der Aphoristiker bringt nicht, er denkt um die Ecke. Habgierig auf Nahes, neugierig auf Fernes lebt er von den Gedanken, die noch nie gedacht wurden, der Philosoph hingegen von dem Gedanken, alles Wesentliche sei schon bedacht worden. Wer lernt von wem?

Vergessen Kirchenkritiker, dass ohne Religion die Bestie im Menschen noch mehr wütete, und vergessen Christen, dass die Sündenregister der Steinzeit-Heiden kleiner waren als ihre?

Gewöhnliche Sterbliche finden mehr Gleichgewicht zwischen vielen Bonmots über alles als im
lebenslangen Taumeln zwischen Aufklärungen.

Handeln ist heute ein Operieren ohne heiles Opus
und jede Aussage in die Summe ihrer Ausnahmen
aufgelöst wie jedes Individuum in die Summe
seiner elementaren Bestandteile.

Der Mensch pflanzt sich nicht fort,
weil er ein unversteinertes Tier oder Untier ist.

Die „Klimakatastrophe" ist eine direkte Wirkung
des Hochindustrialismus, der eine direkte Wirkung überkapitalisierter Naturwissenschaften ist.

Männer sind Tiere, Frauen sind Pflanzen, hieß es.
Der Menschenschutz führt zu Tierversuchen wie
Tierschutz zu Pflanzenversuchen. Heute gibt es
Versuchungen zu Versuchen an Himmlischem.

Edler Platon beugte sich als erster der Mehrheits-
meinung, die ich oder mich für verrückt erklärte.

Brunst verhält sich zu Inbrunst wie telligent
zu intelligent und diskutabel zu indiskutabel.

Wo ein Satz genügt, wird ein Aufsatz verfasst;
wo Aufsätze genügen, werden Wälzer geboten.

Wer Himmlisches auf Astronomisches verkürzt,
macht Messbares zum Mystischen, weil er von
Physik weniger versteht als der Metaphysiker.

Lohnarbeit ist Fronarbeit für Leute,
die nur an neuen Fronarbeitern arbeiten.

Der Gehalt von Werken sinkt, wo das Gehalt
ihrer Eigner steigt ohne Lohnerhöhungen.

Wenn Kalbsnieren noch uri´nieren,
wird der Genießer zum Rindviech.

Edmund Gettier. Die Philosophie wird immer
langweiliger, je länger ihre Geschichte dauert,
weil sie Kurzweil wie Kürze verpönt.

„Denken ohne Geländer". Ein geistiges System
ist eine größere Leistung als jeder geistreiche
Spruch, aber nicht als jedes Aphorismenlexikon.

„Unglaublich, was der alte Schwinghandler …
immer wieder auf die Beine stellt." *(Prof. J. K.)*

Sterben ist schwerer, als nie geboren zu sein.

Das zweifelhafte Subjekt ist Sprücheklopfer oder nur selbstneutralisierende Selbstadressierung.

Realität : Papiertiger der Konsistenzversprechen? Mit narzisstischem Anti-Narzissmus Hals über Kopf drauflos gedacht auf poröse Begriffe steht dumm vor den eigenen Büchern, Hund und Katze zugleich, ohne ein Schweinehund zu werden.

Eitel ist nur der Philosoph, der sich für einen hält. Und jeder sei mehr als der Andere des Anderen.

Lyotard, Baudrillard, Deleuze, Derrida, Foucault schrieben bloße Programme und wollten sich an etwas stoßen, ohne Anstöße zu geben, statt dem Denken anstößig zu werden. Sie suchten mehr Möglichkeiten im Realen als Realisierung von Potenzen und hatten mehr renovierte als neue Ideen zum Veralteten. Essays und Aphorismen sollten ausführen, was Dekonstruktivisten und Poststrukturalisten nur forderten. Sie sind fein-körnig und grobschlächtig genug, um Wald und Bäume zugleich zu sehen …

Empfängst du Liebe, die ich gar nicht gebe, und gibst Hass, den wir gar nicht fühlen?

Ist die Welt, durch Fortschritt erst verschandelt,
durch denselben Fortschritt zu retten?

Nicht jeder Querulant, die sich durch Beschwerde
erleichtert, ist schon ein Widerstandskämpfer.

Aphorismen zeigen im Einzelnen, nicht pauschal,
was sich heute alles selber ad absurdum führt.

Wenn Jung-Siegfried seine *Sieglinde* wie die
gleichnamige Kartoffel zum Fressen gernhat,
entstehen deutsche Heldenepen.

Kopflastige Gesellschaft? Körperpflege
ist beliebter als Kulturpflege, obwohl
das Gegenteil so gern behauptet wird.

Domestizierte Tiere werden irgendwann wieder
ausgewildert, d. h. freigelassen für Wilderer.

„Dekonstruktivisten" reden gern vom *Fremden*
und *ganz Anderen* zum Zeitgeist, gegen den sie
nur Leiber und Geister aufbieten, aber gar nicht
mit rationaler Rationalisierungskritik. Wenn die
Bedeutung eines Begriffs nur ein Zeichen für ein
Zeichen für ein Zeichen ist, deutet ein Wort auf
keine Sache wie deren Wesen und Unwesen hin.

Nestflüchter werden bald Nesthocker
bei anderen komischen Galgenvögeln.

Ist jeder Mensch ein Genie, das ja auch nur ein
Mensch ist, also mehr weil weniger als ein Affe?

Da Aphorismen Sprachigel sind, tut ihre liebende
Vereinigung zu einem System höllisch weh und
ist oft tödlich oder wenigstens todlangweilig.

Warum solltest du ein *gesellschaftliches Wesen*
sein, wenn die Gesellschaft keine Individuen
(wie die Philosophie keine Aphorismen) kennt?
Aphorismen übertreiben, überraschen und überrumpeln, überschlagen sich schlagfertig, riskieren
Versagen, um Unerhörtes zu sagen, und stolpern
ständig voraus, um Standpünktliches zu gewinnen, musikalische Stille aus witzigem Unwissen.

Man kann sich angewöhnen, das bestürzende
Rätsel des Daseins überstürzt vor dem Hinter-
grund mathematischer Logik zu sehen – o. u.

Wie Chemiker in Laboren Substanzen zu immer
neuen Kunststoffen mixen, verbinden Gnomiker
auf dem Papier die Ideen zu immer neuen Kunst-
stücken und -werken. Und ein Band ist ein Strick.

Sexistische *Schweinepriester* tragen rosarote
Barbie-Brillen, um ihr Blaues vom Himmel
herunter zu lügen.

Wenn politisches Engagement etwas bewirken
könnte, wäre es längst verboten statt empfohlen.

Ap(o)horizein und Experimentalphilosophien.
Wird im Denken dessen *ganz Anderes* vermisst,
suche man es in ganz anderen Denkforme(l)n.

Eine Schreibmaschine sucht sich wie das Thema
den Autor und wie die Wiese ihren Rasenmäher.

Ein Asket vergöttert seinen Leib, den er geißelt,
wie der Materialist seinen Geist, den er leugnet.

Sündenbabel Ninive wurde verschont, „denn sie
wissen nicht, was sie tun". Unwissende Sünder
sind verschonter als laue Christen : Ist es besser,
von Religion noch nie etwas gehört zu haben?

Kann Mangel an guten Werken auf Gnade hoffen,
wenn nur der freie Wille immer gut genug war?
Die vermessene Maßlosigkeit, auch im Guten,
ist ein heidnisches Kardinallaster seit der Antike.
Nie des Guten zu viel und des Bösen zu wenig?

Platon empfand den aufmüpfigen Meisterschüler
Aristoteles als enttäuschtes Mutterkind, nicht als
ödipalen Vatermörder.

Heute gilt Hurenoutfit als Juckreizwäsche und
erotische Gehirnwäsche als Brechreizwäsche.
Etwas sieht nur, wer nicht alles sieht ...

Moral heißt Selbstlosigkeit, die Mein und Dein
verwechselt : Mein Minus ist auch deins, und
dein Plus ist auch meins.

Wer im Ehepartner keinen Sex-Coach hat,
ist mit Ehebrecher(inne)n verheiratet.

Leibesspiritismus, böse wie Geisteskulinarismus.

Lokaldialekt : Fachterminologie ungebildeter
Ureinwohner, die Fremde vergraulen wollen.

Tutor? Autodidakten brauchen eher Kopf- und
Handreicher als einen Nachhilfevormund.

Dass Menschen und Sterne nur Gedanken
von Göttern seien, ist ein Gedanke so alt
wie die Menschheit.

Sentenzaffines : mildes wie verwildertes, sanftes wie stampfendes, friedfertiges wie schlagfertiges, stilles wie schrilles, uraltes statt veraltetes, hochspringendes statt ursprüngliches, witziges statt hitziges, kühles statt vieles, hinterhältiges statt nachhaltiges, verlustvolles wie lustiges und ganz tragisches wie halb magisches Denken, lachhaft leicht(fertig), wichtigtuerisch vorlaut, eitel, billig, windig, absurd, abstrus, theatralisch, überspannt und oft verlogen doktrinär bis zum Geht-Noch...

Mutter Theresa : unbarmherzige Barmherzigkeit? Nichts kann uns befriedigen als das volle Nichts.

Bezweifelbar scheint nur das Evidente, Verschlossenes ist eher unangreifbar.

Aphorismen sind erstbegründet letztbegründend und setzen sich zu ihrem Beweis immer schon selbst voraus.

Philosophen *now* : Spezialisten ohne Geschichte, Historiker ohne Forschung oder Sprücheklopfer.

Du hast den Wert, nach Werten und ihren Preisen zu fragen und befragenswert fragwürdig zu sein.

Wäre ich ein Tier, könnte ich meine Art nicht
ausrotten; wäre ich kein Tier, könnte ich mich
durch Tierversuche nicht gefährden.

Aphoristker : Individuellant mit der Allgemeinheit. Die Ehre bleibt aus Ehrgeiz auf der Strecke.

Jeder Aphoristiker hat im Er-Satz seine Apha-Sie,
„seine Zeit in Gedanken gefasst". Er forscht, ohne
zu leben, der forsche Philosoph heute umgekehrt.

Lesefruchtfliege : Schriftsatz und Bodensatz,
Pflegesatz, Aussatz, Kaffeesatz und Dreisatz.

Mancher beißt in sein Gewissen wie ins Gras,
doch Besserwisser wollen besser nichts wissen.

Du bist die Liebe zweier Menschen
und der Lieblingshass eines einzigen.

Fortschritt, Mordschritt. Unbesonnenheit kommt
durch Sinnstifter nur zur Gesinnung.

Männer fliegen auf unbemannte Frauen,
die oft schneller fliegen als siegen.

Wer immer drinnen bleibt, geht niemals in sich.

Die Menschheit teilt sich in Arbeiter und Erbeuter

Freiheit ist der allerbeste Grund
für unbegründbare Behauptung.

Von Herzen nehme ich mir zu wenig zu Herzen.

Welches gute Argument ist mehr
als eine Meinung zu einer Meinung?

Ein Autor macht sein Buch vor uns nicht fertig.

Im Urteil teilst du dich mit dir (und mir mit).

Man sollte das Vormachen nachmachen,
nicht das Vorgemachte.

Das Nichts ist die Abfalltonne des Seins, seit das
Sein der Sektpfropfen im Nichts wurde.

Du hast den Trieb dich zu vermehren
und/oder mich zu vermindern.

Verlernen und Verblöden macht schon Schule.

Mancher drückt seine Gefühle aus wie Pickel.

Zwischen den Kriegen erholt man sich
durch Produktionsschlachten.

Big Bang of Birth : Meine Welt expandiert
im Kopf und schrumpft in Not und Tod.

Ich denke, dass auch ich Gefühle habe, vor allem
das Gefühl, mir Gedanken zu machen.

Ein Kapitalist konkurriert auch mit sich selbst
und unterbietet sich, um sich loszuwerden.

Ein Roman ist Erinnerung an jene,
die wie nie gewesen sein werden.

Alte haben so viele Lösungen auf der Zunge,
dass kein Problem mehr danach fragt.

Ein Mensch ist das, was der alternativlosen
Alternative „Opfer oder Untäter" entgeht.

Rebellion : abgehärtete Abweichung.

Schwer von Begriff, aber leicht von Angriff ...

Menschenkenner kennen besonders Unbekannte.

Wahrheit ist der Abstand zur eigenen Meinung,
auf die man so viel Realitätswert legt.

Was kost´ die Welt?
Ich kann mir keine Umwelt leisten.

In deiner Sprache ist weniger
weil mehr als die Sache selbst.

Die „Grenzen des Wachstums" sind Hürden,
die immer sportlich genommen werden.

Wie viel Finderlohn gibt es auf deinen verlorenen
Kopf, wenn ich siege oder fliege?

Phantasten haben keine Phantasie, Realisten
keine Realität, Idealisten mehr Ideale als Ideen,
doch Materialisten immer Materielles bei sich.

Der Künstler ist damit ausgelastet, nichts zu tun,
wenn die Musen durcheinander auf ihn einreden.

Mit niemandem ist zu spaßen, der Spaß versteht,
doch jeder darf lachen über den, der ernst macht
und es nie ernst meint.

Wer nicht größten Luxus wie Bildung will,
kriegt nicht einmal das Lebensnotwendige.

Realisten sind Phantasten, die pragmatisch
handeln, um nichts Vernünftiges zu tun.

Menschenkenner erkennen nichts als sich selbst,
die sie aber nicht kennen.

Zukunft ist oft widerwärtiger Blick auf Vergangenheit und Gegenwart nur Zukunft der Zukunft.

Ein Christ ist für OLS (One-Life-Stand)
und gegen TNT (Ten-Night-Trends).

Alles bleibt so, weil es sich ständig bewegt. Es
wird erst anders, wenn´s nicht mehr bewegt wird.

Unser Fortschritt schreitet explosiv fort von uns
in alle Richtungen zugleich, um jedem Ziel
wie dem Tod auszuweichen.

Du suchst dich kaum, aber findest dich gut.

Die *Postmoderne* redet ewig darüber, dass alles
Wesentliche schon gesagt und gemacht sei.

Der lustige *Verlust der Mitte* hält jetzt den Rand.

Das gemeine Volk ist auch in Demokratien
eine fast verschwindende Mehrheit.

Ich bin sicher oder entsichert,
wenn Zweifelnde auftauchen.

Wer A sagt, sagt eher Nicht-A als B oder Z.

Die Welt ist im Großen und Ganzen
in Aphorismen ganz gut aufgehoben.

Nicht mal Menschen brauchen, was Menschen
alles so können und verbrauchen.

Der Mensch denkt, Gott denkt dagegen mit.

Meine Ideen sind immer fesselnd eingesperrt,
entweder im Kopf, im Buch oder im Realen.

Einst zog man Kinder an den Ohren groß,
wo man ihnen heut auf Augenhöhe begegnet,
doch wird ein Kind dadurch groß,
dass die Großen kindisch werden?

Deine Passionen für Aktionen sind eher als
weibliche Akte bald zu den Akten gelegt.

Wutbürger sind immer gut drauf und frohgemut.

Das Weltall geht immer mehr auseinander,
weil seine *Schwarzen Löcher* zu viel fressen.

Der Hohlkopf ist ein Freiraum für den Weltraum
und umgekehrt ein Spielraum.

Ein Geistesblitz, dem niemand Widerworte
als Wechselgeld herausgibt, glänzt umsonst.

Wer in sich geht, geht nicht mehr von sich aus.

Lieber Schuldenberge als unbezahlbare Schuld?

Umsonst, aber nicht gratis gelebt hat,
wer einander vergebens vergibt.

Ist die Welt nur Pausenclown der lebenslangen
oder lebenslänglichen Selbstverwirklichungen?

Der Habenichts erreicht nur verdoppelte Armut.

Wenn man lügt, dann aber auch richtig,
und wenn schon verlogen, dann aber logisch.

Wer alles hat, kann mit Raffen richtig anfangen.

Jeden erfüllt die Pflicht, weniger mir seine Pflicht
als sich seine Wünsche zu erfüllen.

Kein Schwein merkt, wenn Aphorismenbände
erscheinen oder nicht.

Sind böse Interessen die besten Argumente
für meine Meinungen, die ja an Wahrheiten
desinteressiert sind?

Zeitlose Logik hat nie das große Zeitlos gezogen.

Jederzeit sind nur Dogmen wahr genug, um überhaupt bestritten und diskutiert werden zu können.

Die inneren Werte der Armut schenke ich mir.
Vergänglichkeit vergeht sich am rechten Moment

Das *Buch der Natur* gibt es nur noch antiquarisch zu hohem Liebhaberpreis.

Harte Tatsachen sind Abweichungen
von guten Taten.

Gehen Ozeane schon den Bach runter,
weil Gletscher sich für uns erwärmen?

Wenn alles Zufall und konsequent kontingent ist,
dann auch die logische Notwendigkeit selbst.

Zeitgenossen sind wie geschaffen fürs Geschafftsein, also zu erschöpften Modegeschöpfen.

Wo es nicht mehr modern ist, *postmodern* zu vermodern, wird wieder Prämodernes getragen.

Biste ein Affe, der nur ausübt, was er nie einübte?

Interpretation : Verstandgericht. Ich lasse meine
Sprüche hinter mir, um deine zu verbessern.

Ist richtige Wirklichkeit wirksamste Falschheit?

Aphorismen : Aufschriften auf Gedankengrab-
steinen, keine Werbesprüche für Liebeswerben,
aber eine „Reihe von Fußnoten zu Platons" Ideen.

Mancher Staat nimmt hohe Schulden
gegen seine große Schuld auf sich.

Zeit vergeht zuweilen wie in Flucht vorm Ewigen

Der Reiche ist so viel ärmer als sein Vermögen
wie der Arme reicher als seines – sagen Arme.

Scheinwerfer strahlen dich an, um gut aus-
zusehen, wenn sie dich Verfolgern ausliefern.

Wo Glück kein Feuer ist, ist es ein Wasser
oder vielleicht nur Feuerwasser.

Jeder ist am Baum der Erkenntnis ein frischer
Trieb, der es zu bunt treibt und ihn vertreibt.

Agnostizismus ist der Glaube, um den heißen
Brei ewig herumzweifeln zu können.

Man will zur Ruhe kommen, um voranzukommen
und umgekehrt.

Die Zukunft deiner Herkunft ist die Hinkunft
deiner widerwärtigsten Gegenwart.

Wer leer ausgeht, geht völlig ein.

Jeder Einzelne ist ganz anders und viel mehr
weil weniger als das große Ganze.

Gerade auf der schiefen Bahn, die rutschen lassen
soll, muss alles geradegerückt sei.

Ist der Gegensatz zu einem Satz auch falsch,
sitzen wir in einem lockeren Aphorismus fest.

Er ist der Häuptling, und nicht nur spielt er
die Hauptrolle, Häupter rollen zu lassen.

Explosive Kernspaltung ist die tobsüchtig schizo-
phrene Persönlichkeitsspaltung der Materie.

Toleranz ist schüchterner Abscheu,
Intoleranz gewaltsame Anerkennung.

Ihr oder wir? Nein, lieber Ichzen und Euchzen,
lieber Vorurteile als Verurteilte und besser Vor-
vorurteile als Nach- und Hinterteile!

Wissen versetzt Berge, Glaube lässt sie stehen.

Ewige Ruhe raubt sie uns, ewige Unrast betäubt.

Anlehnung ist oft nur Ablehnung der Ablehnung
durch Auflehnung.

Ich lese jedes unbeschriebene Blatt und beschrei-
be jedes unlesbare oder ungedruckte Buch.

Bösewichte sind besser zueinander als jene,
die Gutes tun, das nicht gut tut.

Dieser Sentenzenband hat drei Autoren:
Philosoph, Aphoristiker und Systemanalytiker.

Aphoristiker leiden an und nie unter chronischem Dichten. Die Therapie ist unausgerechnet akutes Denken, bis die An-Sprüche wachsen.

Ich habe das Ziel, keine Wege einzuschlagen, und verfolge den Zweck, keine geheiligten Mittel zu benutzen und keine Wirklichkeiten zu bewirken.

Ein Gedankengebäude fällt ein zu vielen Gedankensplittern, also zerlegt bitte jedes Gesellschaftssystem in Individuen und jedes Geistessystem in Aphorismen!

Die Sprachen der Wahrheit und der Wirklichkeit sind Fremdsprachen füreinander und Philosophen ihre Dolmetscher.

Wirklichkeit wirkt irreal wie alles Wahre, weil sie so unwahr ist.

Die erdrückende Lust der lästigen Spaßgesellschaft macht aus erhabener Tragik des Lebens ein erhebendes Laster.

Arme können sich keine großen Schuld(en)berge leisten, Reiche keine ruhig satte Zufriedenheit.

Aphorismen sind so wenig Vorschriften wie
Aphoristiker Vorbilder, sondern Totentanzkurse.

Reichgesegnete fordern Armseligsprechungen.

Auch wer das Äußerste aus sich herausholt,
lässt die Innereien drin.

Selbstlose Leute sind keine *Identitären*.

Vorsicht vor zu viel oder zu wenig Vor- und
Rücksicht, doch Nachsicht mit der Vorsehung!

Hat Gott sich selbst ausgedacht
und nicht auf uns gewartet?

Das Fahnden nach Intelligenzen ist bisher erfolg-
loser als die Suche nach Dummköpfen im All.

Heidegger stahl Husserl die *Wesensschau* und
machte daraus Schauermärchen von Unterwesen.

Winter verheißt Erkältung,
aber kühlt keine Entzündung.

Besser Reiche werden ärmer als die Armen reich.
Reiche verstehen zu viel von den Steuern und
Rudern, nicht vom Rudern.

Untätige Opfer eher als Täter schaffen Tatsachen.

Christen, die den Lebenskampf nicht verlieren,
sind verloren.

Freie Abtreibung bis zu 99-jährigen Kindsköpfen!

Kinderlose sterben nur als Gottlose aus.

Der Untergrund eines Abgrunds ist die un-
ergründliche Unterwelt von Hintermännern.

Er nimmt die Frau mit ihrem Leib im Kauf,
sie seinen Körper mit ihrem Kerl in Zahlung.

Humanismus ist der Humusboden der Tatsachen
von atheistischen Untätern (geworden).

Menschenverkenner kennen mehr Freunde.

Das *Eigentliche* ist das Befremdlichste. Man ist
der Mannomann, und selbst ist der Hampelmann.

Aggressiv attackierst du deine Schwächen an mir;
greifst du dich an, ziehst du dich *depressiv* zurück

Ich kann nur, was ich auch lassen kann,
sonst kann es mich mal.

Arme und Reiche haben nun genug : Es reicht!

Ich kapiere nicht, was ich weiß,
und glaube nicht, was ich verstehe.

Realität pflegt und verlacht unseren Realismus.
Eher idealisiert sich ein Realist,
als Ideen zu realisieren.

Aphorismen beißen einander weg wie Wahrheiten

Versager versagen sich Gerede und Gespräche,
Gemache und Getue.

Die Bibel kann erklären, warum der Darwinismus
entstehen konnte und musste.

Nachts träume ich von schöneren Tagträumen.

Staatsdiener kennen nur Dienstausübung.
Sie üben und üben …

Ungeschminkte Ehrlichkeit
ist die Reklame des Realismus.

Aus Angst verbreitet man Angst, doch Übermut
braucht weder Mut noch Anmut.

Glückliche Kindheit braucht keinen Humor,
unglückliches Alter keinen Realismus.

Metaphorismen sind die Metastasen der
Metaphysik, die noch so vor sich hin krebst:
Dialektischer Dreisatz im Einsatz und mit
Register von Albernheiten bis Psychofinessen.

Auf zu tiefen Gedanken gehe ich spazieren,
bei zu hohen Gedanken bin ich unten durch
und schieße sie ab.

Nicht nur deine Vor- und Nachwelt darf
eine ungestrafte Ohnemichelwelt sein.

Gesellschaft : Man rast von einem Gimpel zum nächsten Simpel und rastet bei Feuerwerkern.

Aphorismen sind der innerste Kitt jedes Systems, das eine Explosion in Abgrundsätze einschließt.

Philosophie : Enttäuschende Sinntäuschungen vergeben Unwahrheit von Sinnwahrnehmungen.

Ein missglückter Aphorismus zerfällt in seine freien Systeme, die ihre Systemsprengungen zwanglos integrieren können müssen.

Ein festes System muss offenbleiben für seine Geschlossenheit.

Gerichtsurteile bestätigen regelmäßig die Vor(ur)teile ihrer Vorverurteilten.

Nach allzu reiflicher Überlegung verfällt jede Überlegenheit.

Denken misslingt auf zweierlei Arten, indem es zu früh oder niemals zu festen Gedanken gerinnt.

Fiaskoverzögerung hält sich für Selbsterhaltung.

Ein Christ muss kein Analphabet sein,
weil er nur Kreuze macht.

Ich liebe Aphorismen, schlafe mit ihnen,
aber gebe ihnen deshalb nicht das Jawort. Sie
übertreiben, um ihre Themen nicht zu vertreiben,
und überrumpeln, was noch weghumpeln will.

Ohne Nachteile durch Vorurteile kommt keine
Kunst zu ihren vernichtend schönen Urteilen.

Der Aphoristiker spielt um seine Spielregeln
und seine Liebesspielsucht damit herunter.

These, Antithese, Fotosynthese : Knips!
Geist lässt sich synthetisch herstellen
aus einem System und tausend Aphorismen.

Gefürchteter als Helden sind Angsthasen.

Trips durch aphoristischen Mikrokosmus kommen weiter als Weltreisen durchs Makrochaos.

Verstand hat kein Verständnis, Vernunft ver-
nimmt nur Vernünftiges, Mut braucht keine Ge-
mütlichkeit, der Wille muss nichts tun wollen,
Urteilskraft ist meist Einbildungskraft, und alle
fünf Sinne haben immer viel Sinn für Unsinn.

Ich sehe schwarz und will nur mal vorbeischauen.

Grüne Aphorismen müssen achtsam sein statt
verächtlich, nachhaltig statt hinterhältig, umwelt-
freundlich statt mitweltfeindlich, klimaneutral
erneuerbare Sonnenanbeter, wiederverwertbare
Windmacher und naturbelassen statt kunstvoll.

Fortschritt hieße, ihn auszubremsen.

Und wenn sich mal etwas ergeben sollte,
ist es der Macht ergeben, die es nicht hat.

Ich mach freiwillig, was ich nicht will.

Tu´s jetzt, aber morgen ist ja auch wieder jetzt.

Denkst du über deinen eigenen Kontext nach,
hast du deinen Einflussbereich schon verlassen.

Wer Umwelt erlebt, ist auf dem falschen Weg.

Die Fragwürdigkeit des Menschen ist unantastbar

Kein Sozialist wird zur Klasse gebeten.

Teile meine Meinung *und* be*herrsche* dich!

Bescheidenheit ziert sich sogar vor ihrem Wort.

Jeder ist seines Glückes Schmied und versteht
vor Krach sein eigenes Wort „Ich" nicht mehr.

Die schlimmste Verbrecherlaufbahn
ergibt die schönste Biographie-Beute.

Der kurzsichtigste Christ hat Weitblick
über das ganze Weltall hinaus.

Ein Roman ist ein Aphorismus auf 500 Seiten.

Dir sind vor Begeisterung Flügel gewachsen,
aber welche *Airline* nimmt dich?

Jedes Hirn windet sich, wenn Fragen auftauchen.

Sind bezwungene Gefahren fortan
deine sklavischen Gefährten?

Übergewichtige tun sich wichtig mit Abnehmen.

Man wird doch etwas nachdenklich,
wenn man dauernd so grübelt.

Der Rost an deinem eisernen Willen
ist nur unser Blut.

Wissenschaft macht den Menschen zum Affen
und kehrt damit den Himmel um.

Übertönt die Stimme des Gewissens deine
Gewissheiten, bleibst du dumm und unwissend.

Will eine richtige Frau mit ihrer schlechteren
Hälfte gleichwertig und gleichberechtigt sein?

Fürs Nichtstun bezahle man *Helden der Arbeit*,
nicht *Leistungsträger*.

Wer ein großes Rad dreht, geht es langsamer an.

Zu mehr als Reichtum reicht es oft nicht.

Du bist nun ganz du selbst – auf unsere Kosten.

Seit der Erfindung des Fernrohrs werden Mensch
und Erde immer kleiner. Gut, dass es auch noch
Mikroskope gibt!

Man kann als Mann lügen, aber als Mensch
Recht haben oder wenigstens behalten.

Ist einer ein Hundeliebhaber und der Hund ein
Menschenfreund, entstehen oft Schweinehunde.

Sprichwörter entstammen selten artgerechter
Igelhaltung gegeneinander.

.

Alles Wahre, Gute oder Schöne ist einfach,
sagen nicht einmal mehr die Elementarteilchen.

Von meinem Nächsten kann ich nur das Beste
sagen, den Feind des Guten.

Werden talentlos *Andersbegabte* mittelmäßig, ist
es besser, als wenn ein Genie viele Talente zeigt.

Dass keiner etwas zu sagen hat, gibt er wenigstens zu verstehen. Dass er nichts verstanden hat,
versteht und sagt er nicht.

An Freund und Feind liebe ich die kleineren
Stärken und toleriere gern die großen Schwächen.

Mehr Grips hat der größere Bizeps, nicht wahr?!

Sind Ausdehnung und Denken die Attribute
von *Spinozas* Mutter Natur wie alle Menschen
Kinder desselben Vatergotts seiner Väter?

Wem Gott zu viel Verstand gibt,
dem gibt die Welt kein (höheres) Amt.

Wissenschaft kann Berge nun atomar versetzen
zum falschen Propheten.

Nichts ist einfacher als Differenzierung
nach Ausnahmen und nichts komplizierter
als gute Vereinfachung, die nicht schreckt.

Wer als Mensch wie jeder andere respektiert
werden will, sollte nicht besser werden wollen.

Arbeitsscheues Gesindel hat oft ein Verhältnis
mit Musen.

Hegel hebt die *Herr-Knecht*-Dialektik auf
in der Selbstbeherrschung (des Knechts).

Größer wird nur, wer mit dem Kopf durch
den Dachboden der Tatsachen stößt.

Mein Aphorismus beschreibt seine Beziehung
zur Welt so, dass ich sie nicht vermisse.

Wenn mein Arm mich zwickt, träume ich, dass
ich mich in den Arm kneife, ob ich wach bin.

Kein Körper ist so gesund, dass er keine
Geisteskrankheit beherbergen kann.

Manche Frau hat ein Nadelöhr, durch das jedes
Kamel durchgeht. Man kann in sie dringen, ohne
ihr Interieur zu kennen, doch nicht umgekehrt.

Lieber frappante Plagiate
als eigene Gemeinplätze!

Evolution vom Arbeitstier zum hohen Tier konnte
leichter beobachtet werden als das Umgekehrte.

Erinnerung trügt, weil sie Jahre der Vergangenheit in ein einziges belletristes Gefühl verdichtet.

Stets ganz ergebenen Mitmenschen
bin ich gern auch mal gefällig.

Ich springe lieber über meinen Kopf als über
meinen Schatten. Oder ist beides auch gleich?

Ich weiß gar nicht, wozu ich auf der Welt bin,
die das auch vergessen zu haben scheint.

Je mehr Worte, desto weniger Weltberührung;
je mehr Erlebnisse, desto weniger Erkenntnisse.

Er hängte sich zum Hals heraus am Halse auf,
und manche Freitote hängen an der Bettdecke.

Wer Gift nahm oder gab, rast zur Giftambulanz.

Wie soll man den zum Schweigen bringen,
der so rhetorisch gewandt schweigt?

Ist der Aphorismus nicht wie die ganze französische Kultur: „Pedanterie der Narrheit" *(Friedell)*?

Tragik allein macht Humor genießbar,
doch Komik den Kosmos verdaulicher?

Wie kann jemand verführerisch sein,
der sich von jedem verführen lässt?

Der Schwachsinn des Autors zeigt sich nur privat.

Man stützt sich auf einige Unbildungslücken.

Wer lässt sich umbringen,
um es nicht selbst tun zu müssen?

Die Zeit lädt sich immer neue Last auf,
um ihn als Ballast abwerfen zu können.

Hat dein Leben mehr hervorgebracht,
als es verbraucht hat, und dich rentiert?

Nietzsche oder der Wille zur Deutungshoheit.

Warum frohlocken statt zetern Atheisten nicht
über „Missbrauchsskandale", als hätten sie von
Kirchen je anderes erwartet?

Gehören *Maximen*, oberste Leit- und Leidsprü-
che, ins Handgemenge oder auf Gedenktafeln?

„Du bist doch Martin B.?" – „Längst nicht mehr."
„Was, immer noch nicht?"

Wer zu viel Erfahrung macht, hat wenig Talent.

Ich bin ganz ich selbst, seit ich nichts mehr habe.

Wer das Meiste sät, um das Wenigste zu ernten,
kann Künstler werden statt erfolgreicher Versager

Lebensfroh ist nur der dem Tod just Entronnene,
lebensmüde, wer das Leben sucht, das er hat.

Brecht (ab) mit *Brecht*, der nie mit sich bricht!

Opportunismus heißt, dass die Opposition von
heute mit der Opposition von gestern und morgen
bricht.

Gibt es nur Kommunismus mit Kapitalisten
oder Kapitalismus mit Sozialisten?

Konserven wirken konservativ,
Frischkäse ist progressiv.

Eine Milliarde (Euros und Menschen) ist viel
Privatbesitz und wenig Volksvermögen.

Phänomenologie heißt, dass Phänomene auch
verbergen, was sie zeigen, und nicht zeigen,
dass sie auch es verschleiern.

Unsterblich ist jeder unbekannter Autor,
der ja nicht vergessen werden kann.

Macher fordert die Freiheit heraus,
weil er sie für sein Schicksal hält.

Vom Gieren übers bloße Reagieren
zur Neugier aufs Regieren?

Jedermann hat nicht Recht, weil die Wissenschaft
ihn bestätigt, doch Wissenschaft bekommt Recht,
weil jedermann sie alltäglich widerlegt.

Es fehlt nicht viel, bis jeder sich fühlt
als diskriminierender Diskriminierter.

Industrieller Fortschritt heißt, der Bestie Mensch
immer bessere Waffen zu liefern und die Reichen
rascher zu bereichern.

Aphoristik : Fortschritt durch Hochsprung,
Hals über Kopf im Galopp durchs Universum
und zu allem deinen Senf zum Staunen!

Viele Gebildete sind an ihrer Erkenntnis
zu erkennen, wenig erkannt zu haben.

Vom Leben Angeödete langweilen das Leben.

Die meisten Tourismusfreunde sind Fremden-
feinde. Du diskutierst daheim mit Migranten.

Mancher ist bis zur Hilfsbedürftigkeit hilfsbereit,
ein anderer egoistisch bis zur Selbstlosigkeit.

Aphoristiker hantieren mit dialektischen Ideen,
so notwendig wie unbeweisbar, und beschäftigen
sich nur symbolisch mit der *symbolischen Logik*.
Sie lösen keine Rätsel, sondern verrätseln lieber
die Erlösung durch Erlöse.

Man scheißt auf alles und glaubt,
damit sein Innerstes zu verbergen.

Je besser du wirst, desto schlechter bin ich,
aber überlebst du dich länger als ich dich?

Erst weiß man nichts im Leben, dann nie wieder
heraus; dazwischen ist's mutig oder ungemütlich.

Bist du ganz du selbst, seit du nichts mehr hast?

Am natürlichsten lebt, wer nicht denken muss,
doch wer nicht denkt, ist noch kein Affe.

Ich bin immer aktiv. Ich renne vor allem weg.
Und engagiere mich. Für die Rolle Schwejks.

Um komplett zu scheitern, brauchen manche
mindestens achtzig Lebensjahre.

Sich und andere glauben zu machen, man habe
etwas erfunden oder geleistet, ist eine Kunst.

Wer sich etwas Wichtiges zu eigen macht,
bekommt bald das Übergewicht.

Wer wird vor lauter Herzensgüte bösartig
und vor lauter Hunger satt durch Übelkeit?

Findest du keinen Anfang, dann rascher ein Ende.

Was wir da vor uns haben?
Mehr als wir damit vorhaben.
Doch den Hintern lassen wir hinter uns.

Aphoristische Systeme bilden eine geschlossene
Gesellschaft mit Öffnungszeiten für logische
Trugschlüsse der Öffentlichkeitsarbeiter.

Wahres ist Last, Gutes ist Hast, Schönes ist Rast
und Fasten fast heilig.

Ich will ihn geschrieben haben, nicht schreiben.
Erst verbirgt sich der Aphorismus im Aphoristiker, dann der Aphoristiker im Aphorismus und
dann in beidem der Abgrund zwischen beiden.

In der Umwelt erkennt man sich selbst,
daheim nur die ganze Welt.

Diktatur:: Eintritt frei!. Demokratie: Austritt frei!

Die letzte Ölung, damit es wie geschmiert
hinübergeht, kaltgepresst nativ.

Vergessen kann ich erst, was Aphorismus wurde;
erinnerlich wird erst, was zum Gedicht wird.

Bergauf geht die Seilschaftsbahn, bergab
die schiefe Rodelbahn der Nervenbahnhöfe.

Deine Unterschrift ist keine Überschrift
im *Buch der Natur*, das Vorschrift sei.

Gedanken schaffen Gehirne, und Liebe fasste ihn
in den Gleichschritt marsch des Fortschritts.

Im Leben kommen ausrufegezeichnete Kommata
vorm entspringenden Standpunkt.

Er liebt sie wie sich, Sie liebt ihn wie sich.
Was haben sie gemeinsam?

Erfinde Rätsel in einer rätselhaften Welt,
um ihre Unerlösbarkeit nicht zu erhöhen!

Greise wollen wie Halbstarke aussehen und
wirken wie Kinder, die Erwachsene spielen.

Agnostizismus ist die Theologie der Wissenschaft

Wer Zeit hat, will mehr Zeit und stiehlt sie uns.

Selbstbefreiung. Wer frei ist von sich,
braucht nicht mal Selbstbeherrschung.

Gerecht verteilte Ungerechtigkeit. Die besten
Künstler schaffen auch Mittelmaß, ihr Publikum.

Bei jedem neuen Wälzer von *Habermas* weiß ich
vorher, was drinsteht. Bei großen Denkern nicht.

Gegen alle Viren von Vernunft-Pandemien gibt
es heute bewährte Impfstoffe, Ideologien genannt.

Tu immer so viel Gutes wie Böses, dann bist du
ein unschuldiges Kind wie zuvor.

Schwäche adelt dich so wenig wie unsere Schuld.

Geschichtsschreibung ist der Katalog unterbliebener Untätigkeiten, Revolutionen dienen nun der *verwalteten Welt* wie Krisen dem Kapitalismus und der neoliberale Egoismus dem Gemeinwohl.

Der Reinheitsgrad des Gewissens bemisst sich nach der Anzahl der weißen Westen.

Diskussion : Streitgespräch zwischen Erbsen, Bohnen und Linsen, was besser schmeckt, und Meinungsaustauch hämmert alle Irrtümer fest.

50 Millionen Menschen müssen alljährlich sterben, ohne geboren zu sein, von der Hand geborener Toter. Wo ist Rache an dieser Freiheit?

Ich kam, ich sah, du hast gesiegt. Zukunft ist die Zeit, wo die Welt besser wird und du stirbst.

Alles Wesentliche ist schon gedacht worden und muss nur noch gemacht werden, oder die Philosophie ist nicht am Ende und schafft Aphorismen.

Tiefenpsychologie : Amor(al) analysiert Psyche.

Dein Busenfreund hat oft amüsante Schwächen,
dein Todfeind hinterhältigste Vorzüge.

Neohumanismus : Menschen schlagen nur noch
die Zeit damit tot, einander den Nerv zu töten.

Ist Liebe mehr als die Summe der Liebhabereien
und beliebigen Lieblingsmelodien heutzutage?
Duft ist Pflicht, Dorn ist Kür der Rosensträuße.

Die Philosophie der Zukunft ist eine (str)enge
Wissenschaft von Gedankenexperimenten
oder hohe Kunst des aphoristischen Essays und
orthographische Grammatik des Schweigens:
Weiser Witz als Schlaganfall der Schlagfertigen.

Wahrheit ist tolle Komposition von Irrtümern,
Irreführungen und Desinteressenwahrnehmungen,
Kraft zu ihrer Verwirklichung hingegen eher
ein Kollektiv aus unverzeihlichen Schwächen.

Aphorismen sehen vor lauter Verzweigungen
am Baum der Erkenntnis noch den Märchenwald
der Erkennungsdienste.

Kunst treibt Kommunikation durch Einsamkeit,
Journalismus eher Isolation durch Sozialisation.

Humanisten lieben den Menschen, wie er sein sollte und könnte, Unmenschen den Rest.

Motto eines ungeschriebenen Romans : Ein Aphorismus, der nie zitiert wird, kann gut sein.

Deine Sprache und Mache überzeugen dich mehr als die Sache, da sie keine Rache an dir üben.

Deine Unschuld verjährt, die Strafangst vertagt?

Der Vatikan überwacht auch die Kardinaltugenden des Papstes

Religion und Philosophie können neue Personalausweise ausstellen auf neue Namen und den wahren Jakob wiederherstellen.

Spezialisiere dich auf vielseitigste Luftaufnahmen und Ausnahmen, welche die Regeln bestätigen!

Um die bestmögliche Welt zu erreichen, ließ der Schöpfer weniger Übel zu als später der Mensch, der Gottes Schöpfung als bloßen Rohstoff seiner eigenen Schöpfungen verbrauchte. Anthropodizee scheitert noch schneller als jede Theodizee.

Kants ewiges *Ding an sich* scheint so göttlich
wie veränderbare *Erscheinungen* menschlich.

Lachen und Logik, Kunst und Religion kompen-
sieren die Folgelasten des Fortschrittsoptimismus

Blumenbergs *absolute Metaphern* reichen nicht,
denn es fehlen relative Metaphorismen.

Ich will lieber einen schlechten Kerl gut als einen
guten Kerl schlecht spielen. Besser beides nicht.

Das hatte *Rousseau* nicht geahnt : Kulturlosigkeit
kommt heute natürlich nicht zur Natur zurück.

Wittgensteins *linguistic turn* ist *rhetorical return*,
also auch *gnomic turn*.

"Denken … ist die Fortsetzung des Lachens unter
Verwendung des Lachmuskels Gehirn … Humoristi-
sches Lachen bittet - liebesvoll spöttisch - zusätzliche
Wirklichkeit, die offiziell geleugnet wird, wenigstens
inoffiziell in unser Leben hinein; denn man lacht sie
nicht aus, sondern … lacht sie an und lacht sie sich an
… Er lässt im offiziell Nichtigen das Geltende und
dadurch im offiziell Geltenden das Nichtige sichtbar
werden … Lachen – das humoristische, also auch das
karikaturistische – und Denken : beide sind Steigerun-

gen des Merkens und insofern dasselbe … Humor und Philosophie tun dasselbe : beide riskieren die Narrenfreiheit, das zu merken und zu sagen, was man sonst nicht merken und sagen darf oder mag. … Dabei ist der groteske Humor die Kunst, das Eigene auch noch im Fremdesten zu bemerken." (*Odo Marquard* : „Loriot lauréat", In : "Skepsis und Zustimmung – Philosophische Studien", Stuttgart 1994, S. 93 ff.)

Entweder steht man dort auf dem Präsentierteller herum oder geht in Gruppen völlig auf und unter.

Die Rosendornen im Kreuz der Wirklichkeit verpflichten uns zur Wacht am Sch(w)ein des Jein.

Wenn die empirische Experimentalwissenschaft blüht, verdorrt persönliche Erfahrung mit Lebensversuch(ung)en.

Transzendentalaphorismen, als synthetische Urteile die Ermöglichungsbedingungen von Welt- und Lebenserfahrung jenseits empirischer Naturwissenschaften: Gedankenexperimente ganz ohne Laborversuche des guten, festen, freien Willens.

Bild und Begriff, Sinnlichkeit und Verstand unter Vernunftideen stehen bei Kant im Kuss, bei Transzendentalgnomikern aber im Krieg miteinander, um Welterfahrung zu gewinnen.

Auch idealistische *Transzendentalaphoristiker* überkompensieren die Folgelasten naturwissenschaftlich-technisch-industriellen Fortschritts, aber greifen gleich an, was sie nicht ausgleichen. Sozialübergewichte der Moderne finden Gleichgewicht durch Gegengewicht in Sprachwichten, die nur Pappwelten sehen.

Jeder Kopf zählt zur KI von Mutter Natur und misst den KIQ des Nächsten.

Wer von Vorgängern profitiert, tanzt auf ihren Gräbern.

Das *Buch der Natur* mit dem *Licht der Vernunft* zu lesen, erleidet Schiffbruch ohne Zuschauer.

Gottes erhabenes Nein nicht zum Sein (wie bei Kierkegaard), sondern zu dem, was seine sich (üb)erhebende Krone aus Seiner Schöpfung macht, lässt sich in kleinerer Münze auszahlen.

Arbeit ist Denkpause, und bedenklich lebenslange bis lebenslängliche Denkpausen geben zu denken statt zu danken. Dies ist die kürzeste Denkpause.

Leb von unsrer Ehe, nie von meinem Tod weiter!

„Die wechselseitige Erschütterung von Denk- und Gefühlssicherheit" verdanken „Ideenparadiese" „der leisesten Form der geistigen Subversion, die die Literatur kennt, dem Aphorismus." *(Gerhard Neumann)*

Wer ein Amt mit Würde bekleidet,
will nackte Fakten verschleiern.

Für die Freiheit spricht, dass sie außerhalb
der Kerkermauern eher untergeht.

Reichtum öffnet alle Türen
außer dem Himmelstor.

Der Kritiker redet wie ein Buch über ein Buch,
das wie ein Mensch (zu ihm) redet.

Lieber ein Irrtum unter allen Wahrheiten
als etwas Wahres unter lauter Falschheiten?

Am Migranten hassen Einheimische weniger
faule Gier als seinen Spott über sie.

Elektronischer Fortschritt bewegt uns mit Lichtgeschwindigkeit **c** in die falsche Richtung. Das Licht der Vernunft hat nur Schneckentempo **-c**.

Im Tod hat man zu viel von der Ruhe,
die man im Leben immer zu wenig hat.

Richtige Philosophie ernährt nicht ihren Mann,
er muss sie unterhalten.

Der Aphorismus hat in allen Worten
das sch(m)erzhafte Witzereißen.

Künstler heißt der Sonderling, der in jedem
Bürger ein Märchen- statt Mängelwesen sieht.

Etwas ist begriffen heißt, es kommt zur Ruhe.
Was rast, ist Unrast und unverstanden.

Gott ist der bekannteste Unbekannte der Welt
und inkognito wandernde Freund oder Feind.

Veralte nicht mit dem, was du hast in und an der
„ver(w)alteten Welt" von heute und morgen!

In die Mittagspause geht es mit vollem Magen,
in die Denkpausen mit leerem Kopf.

Länder fordern Deserteure und Migranten an.

Wer seinen Prinzipien treu bleiben will,
muss seine Anhänger häufiger austauschen.

An der Grenze der Erkenntnis steht
auf unverlorenem Posten Kants *Ding an sich*,
um dich festzunehmen.

Schreiende Ungerechtigkeit stört den Schlaf
so wenig wie die schweigende Mehrheit.

Die Privatsphäre besteht zumeist nur
in und aus der öffentlichen Meinung.

Wer nicht gesucht werden will,
muss etwas Unverlierbares finden.

Gäbe es nur Körper, müsste man
verzweifeln (ohne es zu können).

Hoffen lässt so wenig offen wie besoffen.

Selig sind die Nichtstuer,
denn sie sind so friedfertig.

Der schlechteste Bergsteiger ist ein Vogel.

Sei wenigstens gütig, wo du nicht gut sein kannst.

Hegels Dialektik der siamesischen Drillinge
ist die Freakshow für *Analytische Philosophen.*

Frauen tauschen heut Vorrechte gegen Rechte ein

Die prügelnden Geprügelten entwickeln einen
autoritären *Charakterpanzer*, und der Panzer,
den du fährst, ist der beste Panzer, den du trägst.

Ist die Menschheit ein Zoo, den Affen besuchen?
Jeder Mensch ist ein Zoo und Treibhaus und mit
Freikarte deren häufigster Besucher zugleich.

Der gefallene Engel mit dem Flammenwerfer
hindert jeden, das *Paradies der Werktätigen*
zu verlassen ins Kaufhausparadies zurück.

Aphorismus ist, wenn man dichtet und trotzdem
denkt, aber spinnt und trotzdem gewinnt.

Die Menschenwelt ist nicht wahr und heilig, gut
und schön, doch aller Fortschritt macht sie noch
falscher und schlimmer, hässlicher und banaler.

Der Ewige will keinen Fortschritt, aber nicht,
weil es Fortschritt ist, sondern weil der vom
Bestmöglichen wegschreitet.

Mancher bleibt Protestant, weil er nur so himmli-
sche Gnade erhoffen kann, wo seine guten Werke
bei weitem nicht ausreichen, selig zu machen.

Der Schlund des Rauchers ist ein Ofenrohr
und ein Chirurg der Schornsteinfeger.

Leib, Seele und Geist sind heute vereinigt in
Körperschaften, Psychologie und spiritistischem
Zeitgeist unter Spirituosen.

Originell sein heißt heute gerade,
allen Ursprüngen entsprungen zu sein.

Beim praktischen Gemache sich zu vertun,
ist handelnd schwer wieder weg zu verhandeln.

Unfallhäufigkeit steigt mit der Dichte technischer
Hilfsmittel, die unser Leben erleichtern wollen.

Wäre dieser Sinnspruch nicht von mir,
hätte er von mir sein können und müssen.

Wie jede Antwort mehr Fragen aufwirft,
als sie beantwortet, so schafft jede Lösung
größere Probleme, als sie löst.

Nicht die gotterschaffene Welt ist zu verbessern,
sondern nur die daraus menschgemachte.

Diagnosen verbinden uns mehr als Propheten
und agnostische Prognosen und Meinungen.

Das höflichste Gastgeschenk ist das Geständnis
eigener Schwächen und Defekte.

Genies sind uns sichtweiter voraus
als Talente hörweiter.

Fortschritt ist kein Hochschritt. Werdet nicht
wie die Kinder, die wie alte Kindsköpfe werden!

Wer nicht feige genug ist, dem fehlen
entweder Wissen oder Phantasie.

Aphorismen sind bestechender als spitzfindig,
geschliffener als abgeschliffen, pünktlicher als
geradlinig und unschärfer als nur scharfsinnig.

Kehrt alles unter den fliegenden Gebetsteppich, den man nicht ausklopfen muss!

Aphorismenkäufer wollen lesen, was sie nicht hören wollen, aber das Gehalt von gehaltvollen Aphoristikern ist Schmerzensgeld.

Schöner der allmächtigen Realität entgehen kann niemand als Lyriker oder Logiker.

Da lacht jeder Vogel (den *Freeclimber* haben)!

Philosophie : Mehr heißes Tauschen von weißem Rauschen als weises Lauschen auf Sophisten.

Begriffe sind die beste Verteidigung gegen Bilder

Furcht vor Schlangen hilft gegen Angst vor sich.

Jugendsünden sind Kinderkrankheiten der Greise.

Wenn die ganze Welt laut Hegel nicht nur natur-gesetzlich, sondern sogar panlogisch abliefe, wäre Unlogisches *zufällig, faul, frivol, eitel und böse.*

Grundfalsches ist der Wahrheit näher als die kleinste Abweichung davon, aber auch eintöniger. Die ganze Wahrheit aus Halblüge und Halbirrtum wird oft nicht richtig ausgesagt, manches Falsche dafür aber schöner wahrgesagt.

Moderne Romantiker verfassen Verfassungstexte, Menschheitsdeklarationen und Sozialtheologien.

Über die Vergangenheiten gibt es immer *News*, von der Zukunft erfährt man immer dasselbe, von der Gegenwart alles und über sie gar nichts.

Der Krieg gegen die Kinder beginnt dort, wo man sie nicht mehr kriegt, sondern vorher wegkriegt.

Wo das Genie mal versagt, passen die Alpen gleich in eine Streichholzschachtel.

Schicksal ist das, was passiert, nimmt man sich etwas oder gar nichts vor. Überraschungsphilosophien entstehen, wenn sie je nach Schicksalslagen wechseln und das reflektieren wollen.

Religion : Nach dem Tode *Armageddon* auch für die Guten oder *Apokatastasis* auch für die Bösen?

Im *Buch der Natur* gelöscht und im *Buch des Lebens* weiter da sein? Wie wird der sterben, der alle Frauen seines Lebens im Sterben allein ließ?

Triebe sind Krankheitsschübe des Kopfes und ersparen die Anziehungskraft ihrer Objekte.

Vernunft wird nicht einmal möglich, wenn alles andere vergebens war. Weisheit lernt aus Utopien zum Glück so wenig wie aus der Weltgeschichte.

Viele Autoren blieben ohne Verrisse unbekannt.

Menschenkenner wissen nur, was Mitmenschen von sich und anderen halten.

Naturwissenschaften sind noch nicht so weit, ernsthaft verspottet zu werden wie die Religion.

Es genügt nicht, herzlos zu sein, um Köpfchen zu haben u. u. Hand und Fuß ersetzen beides nicht.

Aphorismen sind eher abstoßende Denkverstöße, die uns auf- und zustoßen und wenig umstoßen. Wer aber Denken zur Anstandspflicht machen will, muss es verbieten. Deshalb sind gute selten.

Geist und Zeit

Vorsokratische Naturphilosophen lebten wieder auf im Anti-Scholastiker und Renaissance-Ideologen Francis Bacon, auf den sich während der Aufklärung Lichtenbergs Positivismus und Kants Prototypisierung der Naturwissenschaften als Erfahrungsideal beriefen.

Gerhard Neumanns "Ideenparadiese" (1974) datierten das deutsch-aphoristische Jahrzehnt (etwa 1798-1810) von Kants "zweiter kopernikanischer Wende" zum intelligiblen Ego cogito her. Objektive Tatbestände verbergen gattungsspezifisch transzendentale Subjektivitätsstrukturen, die in Kants *Kritik der Urteilskraft* "ästhetische Ideen" kreierten, Keime auch der frühromantischen Fragmente.

Den Kritizismus Kants radikalisierte Fichte zu einem subjektiven Idealismus, der die praktische "Tathandlung" als eine Emanzipation von allen Tatsachen und die künstlerische Einbildungskraft als absolute Abstraktion von allen objektiven Fakten feierte, aber doch noch einen äußeren Anstoß brauchte, den die romantische Ironie des magischen Idealisten Novalis schon entbehren konnte. Der transzendentale Zirkel von Ich und Nicht-Ich zerbrach an diesen inneren Widersprüchen in unzählige frühromantische Fragmente, die dann Hegel durch eine eigens dazu ersonnene "objektive" Dialektik systematisierend wiedereinfangen wollte. Adorno bewies ein Jahrhundert später, dass Hegels alles integrierendes Geistessystem gesprengt wurde von den gleichzeitig übersubjektiven und überobjektiven Aphorismen, zu deren Bändigung diese trinitarische Dialektik ersonnen worden war. Diesen

Vorrang des systemsprengenden Aphorismus lernte Adorno nicht von Novalis, sondern von Nietzsche, der seinerseits vom heuristischen Forschungsaphorismus Lichtenbergs und von La Rochefoucaulds psychologischem Salonaphorismus beeinflusst war.

Nietzsche rettete im Essay über das "Zeitalter der Griechen" die antithetische Gnomik Heraklits schon ganz im Sinne Adornos vor Hegels Systematisierungsprogramm. Adorno war stärker geprägt von Nietzsche, der voreilige Synthesen immer wieder verwarf; sein Mentor Horkheimer eher geprägt von Schopenhauer, der Gracians "Handorakel der Weltklugheit" (1647) kongenial übersetzt hatte.

Spinozist Lichtenberg wie auch Friedrich Schlegel, Nietzsche und Schopenhauer waren fasziniert von Nicolas Chamfort, dem bürgerlichen Opfer der Revolution, die er aphoristisch vorbereitet hatte. Friedr. Schlegel begann die "progressive Universalpoesie" seiner "Athenäum-Fragmente" als "Chamfortaden". Dieser Franzose sah sich als Synthese des pessimistischen Larochefoucauld, der seinerseits zusammen mit Theophrast die "Charaktere" Labruyères beeinflusste, und des optimistischeren Vauvenargues, der Voltaire beeindruckte. Aber diese Synthese erreichte wohl eher der sanftere Romantiker Joseph Joubert, der Canetti anzog. Der frühverstorbene, von Larochefoucauld und Montesquieu beeinflusste Vauvenargues zog Lockes Einzelimpressionen und Pascals *esprit de finesse* des Herzens dem Zentralismus der cartesianischen Ratio vor. Der Herzog de Larochefoucauld, dessen melancholischer Geistesadel vor 350 Jahren den literarischen Aphorismus schuf, als er im Kampf gegen den absolutistischen Ludwig XIV. resignierte, gab die Entdeckung des Unbewussten weiter an den psycholo-

gischen Aphorismus Nietzsches, der damit Sigmund
Freud beeindrucken konnte. Der Vater der Psychoanalyse fand, dass kein Mensch in der Selbsterkenntnis weitergekommen sei als Nietzsche. Dessen be-
wunderter Vorgänger Larochefoucauld war ein Kind
des Jesuiten Gracian und des Anti-Jesuiten Pascal gewesen, also der spanischen "Handorakel", die über den
ersten Politaphoristiker Perez das Stilvorbild in Taci-
tus hatten, und der jansenistischen "Pensées", die
über Montaignes "Essais" (1580) sich vom konzisen
Stilvorbild Senecas herschrieben.

Jean Pauls "Vorschule der Ästhetik" (1804) rehabili-
tierte den aphoristischen Witz der "Bemerkungen über
uns närrische Menschen" als Konfliktentladung zwischen dem Endlichen und einem Unendlichen, das
gleich nach Jean Paul entgöttert wurde.

Nietzsche und sein Lehrer Schopenhauer, die den
Willen hinter dem Wissen und den Affekt hinter dem
Intellekt achteten oder ächteten, waren inspiriert von
den französischen Moralisten des 17./18. Jahrhunderts
und von Lichtenberg, der sich herschrieb vom Anti-
systematiker Bacon und vom monadologischen Poin-
tillisten Leibniz. Lichtenberg zeugte Nietzsche und
Karl Kraus, Nietzsche zeugte Ebner-Eschenbachs
"Aphorismen" (1880) und noch Ernst Jüngers schnei-
dige Kommando-Gnomik, Kraus zeugte Wittgensteins
"Tractatus" und Canettis "Aufzeichnungen", Canetti
ersetzte Kraus durch Joubert, Kraus zeugte auch Lee,
und Stanislaw Jerzy Lecs "Unfrisierte Gedanken"
zeugten Gabriel Laubs "Verärgerte Logik" ...

"Witz, wenn du dich in die Luft erhebst, wie stehen die
Weisen und sehen dir nach." *(Heinrich von Kleist).*

Lachverständige Komplexperten
gegen unbändige Perplexperten

Deine Lebensgefährten
sind wohl keine Sexperten,
die von Büchern zehrten
und ihr Geld vermehrten,
wenn sie dich aufklärten
und besseres Leben lehrten?

Diese verkehrten Gelehrten,
welche uns stets versehrten,
wenn Laien sich nicht wehrten,
gehörten herzhaft ausgelacht
und endlich zur Raison gebracht.

Wenn wir nur wüssten,
was unsere Spezialisten
voller Fortschrittslisten
planen in ihren Laboren
gegen uns Laien und Toren!

Die digitale Plunderwelt,
die uns allzu gut gefällt,
brauchte Wissenseliten.
wir ließen sie uns bieten:

Sachverstand in Fachverband
sind allerfeister Mittelstand:

Diese Oberschichtsklaven
halten sich Unterschichtsklaven.

Wissensaristokraten,
die uns Neustes überbraten,
erwarten mit stolzen Mienen
ihre künftigen Guillotinen?

Kürzester Rede längerer Sinn

Diese Aphorismen erheben den gewagten Anspruch, durch elaborierte Subjektivität eine apodiktische Objektivität von dogmatischen Schlussfolgerungen zu erreichen, ein fragmentiertes System implizit bleibender Beweise und Selbstbegründungen, Grundsätze und Spielregeln. In einer Zeit der überschätzten Fragen und halbherzigen Probleme werden hier doktrinäre Gewissheiten vorgetragen und konsistente Unwahrscheinlichkeiten postuliert. Hier wird nicht mehr wie sonst lobenswert gesucht und gezweifelt, sondern nur denkabstoßend geantwortet, gefunden und gelehrt.

Die absolute Wahrheit wäre notwendig allgemeingültige Erkenntnis, die von der Allgemeinheit selten anerkannt wird. „Eigene Gedanken" sind ja meist bloße Wahnideen, die sich selbst nicht durchschauen. Vielleicht sind Aphorismen objektive Wahrheitsansprüche im Gewande individualistischer Ansichtssachen, nicht umgekehrt eigene Meinungen im Gewande dogmatischer Objektivitätsansprüche. Wahres „Selberdenken" würde nur den Gedanken Gottes geflissentlich nachdenken, statt bloß ein prätentiöses Wähnen zu bleiben.

Unmethodische Aphorismen sind ja im Übrigen nicht mehr wert als die totalitären Bezugssysteme, die sie gern attackieren oder fliehen. Der Kampf dazwischen bleibt so unentschieden, dass viele Aphorismen nur die Unschlichtbarkeit dieser Konflikte untersuchen. Das *zweifelhafte Subjekt* im *fragwürdigen Individuum* wäre weder zu perhorreszieren noch zu glorifizieren, sondern als mögliches Forum und Medium von vielen Klärungen zu stärken. Aphorismen sind per se weder

157

Königswege noch Holzwege; eine ungute Idee bleibt schlechter als eine gute Ideologie. Das übliche Selbstlob des Sentenzenschmieds stinkt wie die Kritik seiner Verächter. Ein philosophisch substanzieller Gehalt in literarisch origineller Gestalt müsste das Niveau bloß feuilletonistischer Wortspiele und fader Gesinnungsethik überwinden. Im Übrigen streicht der Narzissmus des Aphoristikers viel zu wenig aus seinen Bändchen. Die Trefferquote ist zu häufig um einiges zu gering, das schmalste Bändchen noch zu dick und strotzt zu oft von verkleideten Banalitäten.

Wenn Aphorismen den objektiven Wahrheitsanspruch aufgeben und bloß eigen(willig)e Meinungen bleiben wollen, werden sie belanglos, beliebig oder verrückt. Sie sind weder emotionaler noch intelligenter oder gar existenzieller als andere Literaturformen. Sie sind so gut wie ihre S(pr)achpointen, und die sind entweder gelungen oder missglückt oder schlicht abwesend. Sie sind nicht das, was ihr Autor dafür hält oder ausgibt, sondern was Leser (gegen die Literaturwissenschaft) aus beliebigen Langtexten, vorzugsweise aber Essays, herauspflücken als köstliche Blüten oder Lesefrüchte.
Sie sind rhetorisch und sophistisch durch und durch, Ideen als Musterbeispiele dessen, was Platon für das genaue Gegenteil von Ideen hielt. Sie lassen an einer wesentlichen Stelle das Wesentliche weg, das von Lesern mehrdeutig zu ergänzen ist. Die Unterschiede zu Einfall, Sentenz, Maxime, Aperçu, Witzwort und Bonmot sind vermutlich geringer als deren kleinster gemeinsamer Nenner : isolierbare, vieldeutige, konzis pointierte Kürzestprosa in vertauschbarer Folge. Ein bis drei Sätze sollten da für jede gute Idee ausreichen. Der „*EinSatz*" ist kurz wie ein Kommando, das befolgt werden will, und apodiktisch wie ein Lehrsatz des Hippokrates oder eine logische Tautologie.

Der Aphorismus, der nicht plagiiert, schafft nicht aus dem Nichts, sondern denkt oft frühere Einfälle anderer Autoren um und weiter, so dass sie sich auseinander immerzu fortentwickeln, zu höheren Reflexionsstufen und vielverzweigteren Filiationen. Er erhebt den Anspruch, wenn nicht das Wesen, so doch das Unwesen einer Sache auf den springenden Punkt zu bringen. Platon war ein Modell für die Verbindung von Dichter und Denker, von philosophischen Ideen und literarischen Dialogen. Sartre, 2500 Jahre später, war wieder Philosoph und Literat nebeneinander, aber nicht aphoristisch zugleich (siehe Aufsatz über Jules Renard). Auch das aphoristische Gesamtwerk eines Autors bildet bei aller antisystematischen Gestik ein System. Krupka hat z. B. aus Lecs „Unfrisierten Gedanken" ein kohärentes Bezugssystem herausgelesen und zusammengefasst. Ja, jeder Einzelaphorismus kann als Abbreviatur eines unausgeführten Systemprogramms oder als Destillat eines elaborierten Systems gelesen werden. Er bricht immer wieder ab, weil er nie weit genug ging. Der Autor braucht mindestens eine Stunde dafür, der Leser höchstens eine Minute; das ist die Ökonomie der Höflichkeit, die größtmögliche geistige Amortisation der kleinstmöglichen Sprachinvestition. Man verfertigt Unfertiges und macht es fix und fertig; lediglich die Sprache erledigt Sachen und Urursachen. Straff sitzt das Wort auf gepresster Welt. Jeder Satz stockt da verstockt, hält den Leser an anzuhalten und vertieft sich in Hochspannung auf engstem Raum, der das Weite sucht. Erwarte Unerwartetes und merke dir Bemerkungen, die auf das Unmerkliche aufmerksam machen, dessen Hochmut vorm Bodenlosen schützt. Ein ganzer Band davon zerreißt logische Schlussketten ganz logisch und ist ein Konzert von Soli(psi)sten. Die Geistesblitze treffen eher auf Verwunderte als auf Verwundete und verblüffen durch Entbluffungen.

Marcus Steinweg : „Sprachlöcher"
(Berlin 2023)

Es sind eher fragmentierte Aufzeichnungen und Reflexionsnotate als pointierte Aphorismen. Welche der rund 350 neuesten „Sprachlöcher" (Berlin 2023) von Marcus Steinweg sind nun Startloch, Schlüsselloch, Schlupfloch, „Wurmloch", Schlagloch, Nasenloch, Luftloch, Knopfloch, Guckloch, Mauseloch oder – Arschloch? Diese Buchbesprechung könnte sich wohl gleich vorweg zusammenfassen in die Formel : Nichts davon und doch alles zugleich!

1905 erschien „Der Witz und seine Beziehung zum Unbewussten" von Freud. Das eigentlich Reale sei das ins Unbewusste Verdrängte, das z. B. im Witz geistesblitzartig zurückkehre. „Lacan hat einmal gesagt, die Psychoanalyse solle sich dem „Spaßigen" öffnen." (a. a. O., S. 33) Sieht der Autor die „Zukunft der Psychoanalyse" mit Lacan also in der schwachsinnigen zeitgenössischen „Spaßgesellschaft"?

Wer mit vielen seiner Denkmotive sympathisiert, den muss irritieren, was ihn von Steinweg trennt, der Dichter und Denker, Literatur und Philosophie zusammendenkt, ohne doch einem „luxuriösen Anti-Akademismus" huldigen zu wollen. Dieser Spross einer Juristenfamilie, Jahrgang 1971, brilliert vor laufender Kamera als freihändig philosophierender Performancekünstler vor einem Saalpublikum, das seinen fieberhaften Präzisierungsimprovisationen voller virtuos gehandhabter Kunstsprache seit langem begeistert folgt. Einer der Grundgedanken dieses deutschsprachigen Dekonstruktivisten besagt nun, dass unsere

160

konventionellen Realitätsbegriffe uneinlösbare „Konsistenzversprechen" seien, nur imaginäre Sozialkonstrukte, die es zu de(kon)struieren gelte, also von der metaphysischen Höhe auf den Pisspott und Teppich zurückzuholen. – Aus naturbeherrschender Klaustrophobie sozialer und geistiger Zwangssysteme werden Auswege in das außermenschlich Reale gesucht, also Choc-Kontakt mit dem krassen Draußen und Jenseits (und sei es nur eine Abseitsfalle).

Der Nietzscheaner Adorno hatte in seinem Kierkegaard-Buch von 1933 ausgeführt, dass ein Rückzug in die narzisstische Falle subjektiver Innerlichkeit das haargenaue Gegenteil erreiche von dem, was er wolle. Die ausgeblendete böse Welt schlage hinterrücks unverarbeitet wieder hinein in die sau'bere Innerlichkeit der „schönen Seelen", die sich rein halten wollen vom Schmutz der Welt. Das Unheimliche sei immer schon daheim mitten im heimatlichen Eigenheim. – Dein Mund müsse sich aber in die Welt ergießen, die sich über Aug und Ohr in dich ergieße, ohne je wie aus einem Guss zu sein.

Steinweg führt seine Heiligen häufig in Zitaten vor: Kafka, Beckett, Duras, Weil, Brecht, Cioran, Adorno, „Schriftstellerphilosoph" Sartre und dann vor allem „poststrukturalistische" französische Dekonstruktivisten wie Lyotard, Baudrillard, Bataille, Deleuze, Derrida, Foucault, Nancy u. a. Laut Sartre (1943) ist jedes menschliche „Für-sich-sein" ein wohltuend freiestes „Loch im Seinsgewebe", immer „dehors de trop", um im und am ekelerregenden „Brei des An-sich-seins" der Welt nicht zu ersticken, einem „Zuviel des Seins". Sartre wird als Meister des poesie-philosophischen Essays gepriesen, der die Moralisten des 17./18. Jahrhunderts als Höhepunkt der französischen Literatur rühmte (obwohl er selber kein Aphoristiker war und z.B. einen Jules Renard signifikant verkannte).

Steinweg will sich mit Unbekanntem bekannt machen, um seine Bekannten mal wieder als große Unbekannte erleben zu können, um endlich vom unkonstruiert Realen hinter unseren bloßen Realitätskonstrukten und simulierten „Simulakren" (Baudrillard) sich wieder verführen zu lassen. In der inneren Leere einer endlosen Welt ohne den Unendlichen will man sich wieder als prallvolle Null empfinden und das angst-erregende Nichts an allem Seienden mit Heidegger als das so runde wie offenbare „Seyn selbst" erleben. Aus der Not der inneren Leere die Tugend der schwindel-erregend orientierungslosen Freiheit machen, eine launische Freiheit *von* allem und nichts wie *zu* allem und nichts …

Der Autor will wie Adorno mit Verstand den Verstand verlieren, das ganz Besondere und konkret Individuel-le vor abstrakten Allgemeinbegriffen retten, mit Be-griffen die sich am Greifbaren vergreifenden Allge-meinbegriffe angreifen und damit rationale Rationali-sierungskritik betreiben. Wahrheit, die nicht unwahr-scheinlich scheine, sei lediglich verkleidete Lüge oder kompletter Irrsinn. Die Philosophie ist eine Kunst und keine Wissenschaft, wusste Schopenhauer.

So weit, so gut und schön.

Aber Steinwegs Ansatz teilt die Schwächen aller „postmodernen" Dekonstruktivisten. – Der Mensch solle gezielt neurotisch bleiben, um nicht psychotisch zu werden, oder umgekehrt. Dieses kontrolliert „deli-rierende Denken" will „Wunschmaschine" (Deleuze) und „Désire" wie „Délire" bleiben; es spielt verrückt, um nicht wahnsinnig zu werden, sondern denken zu lernen, und mit Wittgenstein immer wieder „ins uralte Chaos zurückzusteigen", um ein bisschen ordentlichen Kosmos heimzuholen. Aber natürlich „nicht als Ideologiekritik", sondern als „ganz andere" Ideologie und fabrikneue Videologie?

„Wahres Denken korreliert mit dem Zufall" (Seite 39) des aphoristischen Einfalls, aber auch mit dem Zufallsgenerator der *Künstlichen Intelligenz*? So wenig wie Adorno oder Sartre haben die postmodernen Dekonstruktivisten selber gutpointierte Aphorismen verfasst, obschon Derrida schrieb : „Toute écriture est aphoristique." Alles zerläuft hier eher redselig weitschweifig, oft tautologisch in endlosen Synonymen, und wird auch geschwätzig unter den Teppich zerredet wie nicht selten beim pastoralen Nietzsche (der daneben aber konzis gekonnte Sentenzen feilte).

Alle wollen im weitesten Sinne politisch Linke sein und berufen sich doch auf so demokratiefeindliche Erzreaktionäre wie Nietzsche und Heidegger mit seiner „Destruktion der abendländischen Metaphysik". *Das* ist der springende Punkt der ganzen umständlichen Salbaderei : Sie alle richten sich gemütlich ein im „nachmetaphysischen Denken" (J. Habermas), das aber ja den philosophischen Mainstream des heutigen säkularen Zeitgeistes bildet. „Unzeitgemäß"? – Man darf lachen.

Der moderne wie postmoderne Todfeind ist die Metaphysik Europas, und Metaphysik, vollendet bei Hegel, steht vornehm für die verfluchte Religion, die Idee von einer ab-soluten Maßstabsinstanz des Denkens. „Wenn Gott tot ist, ist alles erlaubt", wusste ein Dostojewski, und das lassen sich alle Mächtigen der

Welt nicht zweimal sagen, wenn sie keinen Allmächtigen mehr über sich zu fürchten haben. Der irdischen Justiz wissen die Herrschaften zu entwischen, wenn sie kein Jüngstes Gericht mehr zu erwarten haben. *Der olle Jott* ist die menschliche Idee von etwas, das jenseits aller menschlichen Ideen liegt, des Objektiven schlechthin, das Kant und Hegel noch anerkannten als „regulative Idee" aller Wissenschaften, und das auch Steinweg sucht und nicht finden zu können sich freut. Mir erscheint die ganze metaphysikde(kon)struktive Veranstaltung wie ein burlesk inszenierter Theaterdonner mit viel zu wenigen Geistesblitzen. Zu Beginn elektrisierend originell, dann zunehmend langweiliger, wenn man die Machart und Stoßrichtung einmal kapiert. Man will Fortschritt, aber ums Verrecken nicht, dass das ewige Undsofortschreiten in alle Richtungen ein Ziel erreicht, also dessen einzigen vernünftigen Sinn. Noch nie wollte man bisher den Schwachsinn eines ewigen Fortschritts um seiner selbst willen als Selbstzweck. Und der bürgerliche Autor Steinweg will wie Foucault und Derrida ein politisch Linker sein, aber wie die Franzosen mit bestbürgerlichem Sozialismus ohne philosophischen Proletarismus.

„Inkommensurabel Singuläres" soll nicht in Allgemeinheit und Allgemeinbegriffen verschwinden bei diesen modischen Nominalisten. Wenn die Bedeutung eines Begriffs nur neue Deutung von Deutungen von Deutungen … ist, erreicht die Sprache niemals die gemeinte Sache und deren Wesen oder Unwesen. „Individuelles ist unaussprechlich", wusste schon die mittelalterliche Scholastik. „Unendliche Annäherung" indirekter Andeutungen rennt dem sich ewig entziehenden Singulären atemlos hinterher und kann doch nicht aufgeben, was nie ganz positiv(istisch) gegeben ist. Es ist gleichsam eine Fastphilosophie ohne Fasten:

Nur fast trifft das Wort die Welt, aber fast getroffen ist auch daneben.
Das Sprachloch bleibt ein Sach- und Fachloch.

Steinweg ist wie alle Postmodernen, wie auch Nietzsche und Wittgenstein, ein verspäteter Nachfahre der frühromantischen Universalpoesie von Fr. Schlegel und Novalis und deren „entfremdeter Subjektivität" (H. Schmitz). Ironie sagt etwas Endliches und meint etwas Unendliches. Die *Postmoderne* postuliert, alles Wesentliche sei schon gedacht und die Traditionsbestände der Philosophie könnten nur noch als fertige Versatzstücke immer neu montiert und geil collagiert werden. Genau das passiert auch bei Steinweg : Wie unsere konventionellen Realitätsbegriffe nur Sozialkonfektionen, ja, „unhaltbare Konsistenzversprechen" seien, so fordern und versprechen auch die „Sprachlöcher" immer wieder brandneue Gedanken, die aber dann kaum geliefert werden. Das Ganze bleibt ein bloßes Desiderat und immer neu beschworenes Programm, das jedoch nicht konkret ausgeführt wird im gepriesenen Einzelnen. Der Venusberg kreißt, und ein Mauseloch wird geboren.

Diese anti-metaphysische Metaphysik von unverbindlichen Gedankenspielen ins Himmelblaue rühmt unermüdlich die Leichtigkeit hübscher Luftblasen gegen deutsche Schwerfälligkeit, aber liefert nicht – anders als der tänzerische Nietzsche in Abertausenden von prägnanten Witzweisheiten, die sich Schneisen fraßen durch manches Herkömmliche. – Die *Postmodernen* können wie die meisten Philosophen nicht dialektisch denken. Die letzten dialektischen Denker waren Sartre und Adorno und der Katholik Gilbert Chesterton, der brillanteste Essay-Metaphysiker des 20. Jahrhunderts mit seinen unerreichten Paradoxen. Die Welt sei kein syllogistisches System, sondern eine „Hierarchie von Paradoxen", schrieb N. Gomez Davila, und das hochverdichtete Paradoxon ist bekanntlich der Königsweg des Aphorismus, den die postmodernen Existenzialisten aber eben wenig beherrschen und unentwegt nur beschwören.

Steinweg liefert bloß tolle Gebrauchsanleitungen, aber ohne Gebrauch von ihnen zu machen. Die *Postmoderne* ist längst ausgereizt und vorgestrig. Q. e. d.

Steinweg preist mit Valéry „Aufklärung ohne Wahrheit (ohne Gott, ohne Absolutes" (S. 75). Sein dogmatischer Antidogmatismus versteht nicht mehr viel von jener „onto-theologischen" Metaphysik, die er dekonstruiert. Sein Denken ist Mainstream und zeitgemäßer, als er glaubt. Er „ist im Kommen, aber um nicht zu kommen" (S. 65). Er glaubt, dass „jede Religion einen gewissen Atheismus transportiert." „Gott fällt mit seiner Inexistenz zusammen." (S. 62) – So what?

Unter Dialektik scheint Steinweg zu verstehen, dass jeder Satz auch seinen Gegensatz meint, dass alles Positive auch etwas Negatives und jedes Minus auch sein bisschen Plus habe. Jedes Fast-Urteil, das alles und nichts verurteilt, lässt sich auch mechanisch umkehren. Sinn ist dann Unsinn, Nonsens wird der Sinn des Sinns etc. etc.

Mehr als etwa einhundert Leseseiten hat Rezensent nicht geschafft, dann fiel er in ein *Schwarzes Loch* auf Nimmer-weiter-lesen und tauchte durch ein „Wurmloch" am anderen Ende der Milchstraße wieder auf …

ANHANG : „Chaogito" (S. 62) als K.o.gito?
Die „Sprachlöcher" werden umso banaler oder falscher, je kürzer sie sind, also je mehr sie Aphorismen
ähneln:

„Nichts spricht dagegen, das Denken als heiteren
Wahnsinn anzusehen." (53)

„Vielleicht gibt es kein Kunstwerk, das nicht ein Loch
in der Sprache markiert." (59)

Kapitalismus als Maschine, „das Dementi ihrer selbst
in sich zu integrieren." (66)

„Den Gewichtsverlust postmetaphysischen Denkens
macht Simone Weil durch anorektische Mystik wett."
(69)

„Das Labyrinth der Sprache ist gläsern.
Trotzdem ist es ein Labyrinth." (71)

„Wenn jemand blind ist, ohne es zu wissen,
ist er dann blind?" (140)

„Wenn es nichts mehr zu sagen gibt,
bleibt noch alles zu sagen?" (159)

„Vielleicht heißt Denken, der Intransparenz Raum zu
geben, ohne sich ihr zu subordinieren." (198)

„Das Kleid hält sich am Blick fest, bevor es fällt."
(202)

„Lustig, dass die Kinder immer noch Steine werfen
nach irgendeinem Cézanne!" (221)

„Man könnte meinen, Simone Weils Denken sei ein Beten ohne Gott." (223)

WAHNSINN : „Verlust nicht der Sinne, sondern des Vertrauens in die Sinne." (303)

„Wer will, gibt sich der Illusion der Illusionslosigkeit hin. Warum tut er das?" (311)

KOMISCH : „Das Kritisch-Tun derer, die es selbstbezogen nie sind." (319)

In „Sprachlöcher" soll man hineinfallen wie Thales in den Brunnen, um aufrechten Gang zu lernen?

„Das ist mal ein richtig saftiger Verriss nach meinem Geschmack. Ich kann dem Rezensenten nur vollinhaltlich zustimmen, soweit ich die Notate von Steinweg gelesen habe. Dieser hätte in der Tat nach dieser Lektüre noch einen steinigen Weg vor sich, um mich näher interessieren zu können.
Das „Wurmloch" scheint mir mit Schuett eine mögliche Lösung des Falls, zumal ja seit neuestem sich die Anzeichen mehren, dass die Lichtgeschwindigkeit keine absolute Grenze mehr darstellt."
(Ein kundiger Leser H. S.)

Weiterführendes vom Autor

"Objektivität durch Subjektivität oder umgekehrt?"
Phänomenologischer Entwurf
einer dekonstruierten Erkenntnistheorie
ISBN 3-89811-157-1   *164 Seiten*

Diese Arbeit versucht, die klassische Disziplin der Erkenntnistheorie, welche heute in Wissenschaftstheorien aufzugehen droht, wiederzubeleben durch Rückgriffe auf psychoanalytische Befunde und auf aphoristische "Gnome" (griechisch "Erkenntnis") - die den philosophischen Mainstream unterirdisch begleiten - am phänomenologischen Leitfaden von Sartre, Heidegger und Conrad-Martius. Das Unbewußte gilt seit Freud als *missing link* zwischen Leib und Seele. Die Erkenntnisbedingungen und -widerstände kommen nicht nur aus Verstand oder Gegenstand, sondern auch aus leiblich fundierten Triebkonstellationen. Daß die Erkenntnis- und Selbsterkenntnisleistungen des menschlichen Bewußtseins hinterrücks oft mitbestimmt - oder systematisch verzerrt - werden durch abgewehrte Anteile der Subjektivität, wäre für die philosophischen Erkenntnistheorien endlich fruchtbar zu machen, und die Aphoristiker waren immer auch de(kon)struierende Ur-Analytiker des Unbewußten hinter rationalisierenden Bewußtseinsfassaden.

"Nur in der Fremde fühle ich Fernweh" oder :
„Die grüne Bank am Deich" *(Idyllischer Roman)*
ISBN 3-89811-378-7 *302 Seiten*

Zwischen Gedenken und Gedanken. Ein alter und ein
junger Mann sprechen über Gott und die Welt und die
Seele, auch über Adalbert Stifter. Und sie erinnern sich
an ein Leben in Bibliotheken und im Buch der Natur, nicht
in Staat und Gesellschaft. Eines Tages kommt eine junge
Frau dazu, das ist fast alles. - "Von Verwicklungen und
Lösungen, von Herzenskonflikten und Konflikten überhaupt, von Spannungen und Überraschungen findet sich
nichts" in diesem ruhigen Roman, der das Idyll reha-
bilitieren will, die heute verrufenste aller Gattungen. Das ist
die sozialkritische Provokation, ein noch unzeitgemäßes
Plädoyer für Studierstubenhocker in kontemplativsten El-
fenbeintürmen, nicht für komische Käuze im hektischen
Koma.

"Künste und Wissenschaften als verlorene Paradiese –
Essays zur Bedeutung der Kultur-Idyllen"
ISBN 3-89811-801-0 *252 Seiten*

"Die ... Unabhängigkeit, die der eine draußen in der Welt
sucht, findet der andere in dem Freistaat der Kunst und
Wissenschaft." (Th. Fontane) Kultur als Selbstzweck ist der
einzige Garten Eden, der jedermann jederzeit offen steht.
Auch und gerade Kunstwerke anti-idyllischen Inhalts z.
B. stellen oft schon kraft ihrer ästhetischen Form in sich
stimmige Kultur-Idyllen dar. Überfällig wäre die methodi-
sche "Contemplation in a world of action" (Th. Merton),
also wird angeknüpft an Traditionsbestände, welche die
heute soziohistorischen Paradigmen versuchsweise ersetzen
durch gründlich entkollektivierte und praxisabstinente Theo-
rie-Kulturen. - Die reine Bildungsidylle, die nichts als kos-
mische Ordnungen ohne jeden Aktionsappell betrachtet,
war aber wohl immer schon selbst jene Sozialutopie, von
der sie historisch meist nur begraben wird.

„Neuer Cherubinischer Wandersmann – *Laien-
brevier voll himmlischer Spruchweisheit*"

„Wenn die Seele auf den Geist geht – *Zur Tiefenpsychologie der Philosophiegeschichte*"

„Die Liebhaber der Sophie – *Europäische
Philosophiegeschichte einmal ganz anders*"

„Mit einem Satz ins Freie –
Reflexionen, Urteile und Sentenzen"

„Eine Ameise mit Bienenfleiß hat eine Meise –
Ausgewählt dumme Sprüche"

„Glückliche Idyllen kontemplativen Lebens
im Elfenbeinturm – *Hieronymus im Gehäus*"

„*Gedankenlesen* – Hirnforschung
ohne Computertomographen"

„Herren tut es leid, Knechten tut es weh –
Die Unterschicht in Klassengesellschaften"